suhrkamp taschenbuch
wissenschaft 1540

Plessners *Grenzschrift* galt seit 1924 als Geheimtip. Entlang einer für deutsche Verhältnisse seltenen Limitierung von Gemeinschaftsutopien sucht sie durch die Denkfigur einer »Sehnsucht nach den Masken« ein »Gesellschaftsethos« zu begründen, das sich in den Kernkategorien »Distanz«, »Spiel«, »Zeremonie und Prestige«, »Diplomatie und Takt« verdichtet. Wegen seiner jüdischen Herkunft 1933 zur Emigration gezwungen, entging Plessner in den Niederlanden während des Krieges nur knapp dem Zugriff der Gestapo. Nach 1945 spielte er als Remigrant neben Adorno, Horkheimer, Löwith und René König eine bedeutende Rolle in der intellektuellen Konsolidierung der bundesrepublikanischen Öffentlichkeit.

Helmuth Plessner
Grenzen der Gemeinschaft

Eine Kritik des sozialen Radikalismus

Mit einem Nachwort
von Joachim Fischer

Suhrkamp

Die Erstausgabe von *Grenzen der Gemeinschaft*
erschien erstmals 1924 im Verlag Friedrich Cohen in Bonn.
Der Text folgt der Ausgabe in:
Helmuth Plessner, *Macht und menschliche Natur*,
Gesammelte Schriften Bd. V, S. 7-133.

9. Auflage 2024

Erste Auflage 2002
suhrkamp taschenbuch wissenschaft 1540

Umschlag nach Entwürfen von
Willy Fleckhaus und Rolf Staudt
Druck und Bindung: C. H. Beck, Nördlingen
Printed in Germany
ISBN 978-3-518-29140-5

www.suhrkamp.de

Inhalt

Arthur Baumgarten
Professor der Rechte in Basel
in Verehrung und Freundschaft
zugeeignet

Vorwort

Die vorliegende Schrift wendet sich nicht allein an die philosophische Fachwelt. Ihre Form ist leichter gehalten, als es die Wichtigkeit der angeschnittenen Fragen eigentlich gestattet, um auch denjenigen den Zugang zu ihnen offenzuhalten, der nicht von der Wissenschaft, sondern vom Leben her ihre Problematik erfährt. Gemeinschaft und Gesellschaft, durch Tönnies zu einer bekannten Antithese geformt,[1] ist als Alternative seit Jahren Schnittpunkt öffentlicher Diskussionen, zumal in Deutschland. Kulturpolitische, erziehungspolitische, wirtschaftspolitische Themen hängen in ihrer Behandlung von dem Ergebnis der Diskussion ab. Das seit 1914 wieder lebhaft erörterte Verhältnis von Politik und Moral – erinnert sei an die lehrreichen Schriften von Scholz, Baumgarten, Tröltsch, Vierkandt, Meineke, Scheler und Th. Litt –, das Revolutionsproblem und die Idee der sozialen Erneuerung, sowie die von der letzten Dekadenzphilosophie vollzogene Kontrastierung zwischen Kultur und Zivilisation haben ihren gemeinsamen Ort in dem Beziehungsproblem von Gemeinschaft und Gesellschaft.

Unnötig an dieser Stelle auf die Faktoren einzugehen, welche die vorwärtsdrängenden Kräfte der Jugend ausschließlich mit dem Gemeinschaftsgedanken sympathisieren lassen. Indem sich die Untersuchung solche Schätzung der Gemeinschaft zum Gegenstand macht, muß ihr Augenmerk auf jene aktivistische Folgerung daraus gerichtet sein, die den Gemeinschaftsgedanken über die gesellschaftliche Lebensordnung triumphieren lassen will. Der soziale Radikalismus hält seine Zeit für gekommen. Obwohl keineswegs mit Marxismus identisch, wie überhaupt auf keine parteipolitische Formel festgelegt, wirkt er doch besonders im Bewußtsein des Proletariats, schwächer im bürgerlichen Bewußtsein durch das Trugbild einer Überwindbarkeit der Gewaltmittel im weitesten

1 Ferdinand Tönnies, Gemeinschaft und Gesellschaft, Berlin ²1912 (Neudruck der 8. Aufl. von 1935: Darmstadt 1979).

Sinne, einer schließlichen Befreiung der Menschen von den Vorsichtsmaßregeln der Feindseligkeit in Diplomatie und Politik, einer Beseitigung des Krieges nicht nur im Physischen, sondern ebensosehr im Geistigen. Unsere Zeit versteht sich nicht dazu, die Hoffnung aufzugeben, daß einmal überall mit offenen Karten gespielt werden kann und Offenheit, Ehrlichkeit, Brüderlichkeit auf der Erde herrschen. Zieht man die den politischen Willen lähmenden Einflüsse in Betracht, die von derartiger Sentimentalisierung ausgehen, so dürfte sich eine Kritik wohl lohnen. Wenn es eine Dialektik des Herzens gibt, ist sie sicherlich gefährlicher als eine Dialektik der Vernunft. Von der Vernunft können nur wenige Gebrauch machen, aber seinem Herzen will doch ein jeder, auch der einfachste Mann, folgen.

Für den Fachmann, der an der leichten Form der Beweisführung begreiflichen Anstoß nimmt, sei bemerkt, daß jene Partien einer Philosophie des Psychischen im vierten Kapitel allerdings neuartig sind, doch ihre ausführliche Begründung dort nicht finden konnten. Auch an anderen Stellen ist jedes noch so verlockende Abbiegen von der einen auf das Ziel führenden Hauptstraße vermieden. Wir hoffen, in Jahresfrist den zweiten Band unserer Erkenntnistheorie herauszubringen, deren erster, die Ästhesiologie des Geistes,[2] die Theorie der Empfindung behandelte. Unter dem Titel »Pflanze, Tier, Mensch – Elemente einer Kosmologie der lebendigen Form« soll dann die Theorie der Wahrnehmung entwickelt werden, in deren Zusammenhang die Darstellung der Prinzipien der Anthropologie gehört.* Aber auch methodisch geht die vorliegende Abhandlung den analogen Weg, wie er in unserer »Einheit der Sinne« eingeschlagen wurde. Hier wie dort steht im Zentrum der Analyse das Anwendungsproblem des Apriorischen. Die Ästhesiologie untersuchte die Anwendungsmöglichkeit gewisser

2 Helmuth Plessner, Die Einheit der Sinne. Grundlinien einer Ästhesiologie des Geistes, Bonn 1923. Jetzt in: Gesammelte Schriften, Bd. III.

*Das hier angekündigte Werk erschien einige Jahre später als angenommen unter dem Titel: Die Stufen des Organischen und der Mensch. Einleitung in die philosophische Anthropologie, Berlin und Leipzig 1928. Jetzt in: Gesammelte Schriften, Bd. IV.

Wertgeltungen im Bereich sinnlichen Erlebens. Sie gelangte dadurch zu einem Sinnverständnis der wertfernsten Schicht unserer Existenz, unseres Leibes und der Modalitäten der Sinnlichkeit. Zu dieser Untersuchung verwandte sie die anerkannt am schärfsten ausgebildete Methode eben derjenigen Philosophie, der kritizistischen Kants und der Kantianer, welche ein Sinnverständnis der Sinnlichkeit in ihren Modalitäten und damit einen verstehenden Zugang zur Natur mit den tiefsten Argumenten bestritten hatte. Auch hier wird in ähnlicher Weise vorgegangen. Wir fragen im Sinne des Anwendungsproblems der Sozialethik nach der Möglichkeit, nach ethischer Haltbarkeit eines Verhaltens, das in prinzipieller Wertferne an die konkrete Situation und ihre Forderungen gebunden ist. Dabei nehmen wir die idealistische These des Radikalismus von der absoluten Wertferne des Leibes – entgegen unserer philosophischen Ansicht – als methodische Spielregel an, nur in dem Bestreben, den Gegner auf seinem Felde und mit seinen eigenen Waffen zu schlagen. Hier wie dort ist das Ergebnis ein Objektivismus, der auf ethischem wie auf ästhetischem und erkenntnistheoretischem Gebiet den Expressionismus oder die Philosophie der Rückhaltlosigkeit überwindet. Unter diesem Aspekt dürfte die vorliegende Arbeit sich jener Bewegung zurechnen, die, um die produktivsten Männer zu nennen, in der Ontologie Nicolai Hartmanns, in der Metaphysik des Rechts Arthur Baumgartens, im Neuhumanismus Sprangers, im Objektivismus Hans Freyers und im Klassizismus Hefeles vielleicht unter sich schwer vereinbare, doch jeweils für sich harmonische Formungen in dem Streben nach Unbefangenheit, in dem Mut zur Wirklichkeit findet.

Köln, Januar 1924

Problem und Methode der Kritik

You must give the Devil his due
Sprichwort

Unter Radikalismus verstehen wir allgemein die Überzeugung, daß wahrhaft Großes und Gutes nur aus bewußtem Rückgang auf die Wurzeln der Existenz entsteht; den Glauben an die Heilkraft der Extreme, die Methode, gegen alle traditionellen Werte und Kompromisse Front zu machen. Sozialer Radikalismus ist daher die Opposition gegen das Bestehende, insofern als es immer einen gewissen Ausgleich zwischen den widerstreitenden Kräften der menschlichen Natur einschließt und den Gesetzen der Verwirklichung, dem Zwang des Möglichen gehorcht. Seine These ist Rückhaltlosigkeit, seine Perspektive Unendlichkeit, sein Pathos Enthusiasmus, sein Temperament Glut. Er ist die geborene Weltanschauung der Ungeduldigen, soziologisch: der unteren Klassen, biologisch: der Jugend.

Radikalismus heißt Dualismus. Nur Zwiespalt rechtfertigt Schroffheit, nur Widerstand Angriffshaltung. Bereitet das Bestehende und Gegebene Widerstand, so wird das Prinzip des Angreifers dem Gegebenen überlegen sein müssen, an Güte, Dauer und Kraft. Ist das Bestehende Kompromiß, Vermittlung, Mischung, so wird das Angreifende lauter, einseitig, unvermittelt sein, bedeutet das Gegebene Anpassung an das jeweils Mögliche, so fordert es das ewig Unmögliche zum Kampf heraus. Der Radikalismus ist die Partei des Geistes, dessen Ideen Wegweiser ins Unendliche aufrichten und in jeder Lage das Gewissen der Zukunft mahnen. Er ist der Verächter des Bedingten, Begrenzten, der kleinen Dinge und Schritte, der Verhaltenheit, Verschwiegenheit, Unbewußtheit, freudig, aber nur zum Großen, andächtig, aber nur zum Gewaltigen, puristisch, daher pharisäisch, prinzipiell, daher verdrängerisch, fanatisch, daher zerstörend.

Der Feind des Radikalismus ist die Natur, da sie dem Unendlichkeitsstreben Schranken setzt, sind die Triebe, welche mit den Forderungen, die Sinne, welche mit dem Denken streiten. Immer findet der Radikale seine Waffen in den Arsenalen der rationalistischen Philosophie. Je hilfloser sie dem Leben, der Wirklichkeit gegenübersteht, je entgeisteter sie das unmittelbare Dasein ansieht, desto größer gähnt die Kluft zwischen Existenz und Geist, dem überhaupt und dem eben noch Möglichen. Dem Radikalen heißt Leben und schlechtes Gewissen haben, Dasein und Verrat am Geiste ein und dasselbe. Seine Haltung wird von einem dauernden Insuffizienzbewußtsein getragen, so daß er es durch Überbetonung der Geistigkeit, durch Verabsolutierung seiner Ziele, durch Überspannung seines Willens zu kompensieren sucht. Radikal sein bedeutet Moralismus der Leistung, Mißtrauen gegen Freude und Genuß, Verachtung des Scheins, des Leichten, alles dessen, was von selbst geht, Verehrung der Schwierigkeit und nur zu williges Bejahen der Bitterkeiten, die aus der Inkongruenz unseres Willens mit der Welt hervorgehen.

Für den Radikalen gibt es nur ein Gesetz: Gründlichkeit. Wo es sich um Dinge des Lebens, des Zusammenlebens handelt, wird er durchaus nicht die Hände in den Schoß legen, alles laufen lassen, wie es will, sondern er wird von Grund aus beginnen und Prinzipien zu den allein gestaltenden Kräften zu erheben suchen: seine Gründlichkeit ist ein Ausdruck seiner Vorurteile gegen das Leben. Doch spottet die ewige Undurchsichtigkeit der konkreten Situationen, in die wir mit dem Augenblick unserer Geburt hineingesetzt sind, die uns nicht loslassen bis in den Tod, extremistischer Haltung; in flüssigem Element faßt die Hand nichts, wenn sie sich zur Faust ballt. Aber sie faßt auch nichts, wenn sie ganz offen bleibt. Ein auf Kosten des Geistes und Verstandes das Leben bejahender, die irrational-dynamischen Elemente zum Sturm entfachender Radikalismus ist deshalb nicht weniger lebensfeindlich und zur schließlichen Wirkungslosigkeit verurteilt als ein rationalistischer. Auch er hört nicht auf die Stimme des Ausgleichs und will die Wurzel der Existenz zum Ansatzpunkt unseres Handelns machen, auch er lebt Theorie, freilich atheoristische Theorie, wo nur Fingerspitzen, Biegsamkeit, Mäßigung entscheiden dürfen.

Durch alle noch so verschiedenen Erscheinungsformen des Radikalismus geht der Zug nach Restlosigkeit und Hemmungslosigkeit des Ausdrucks. Dazu verführt ihn sein Glaube an die Macht des

Bewußtseins. Um seine geisteshistorischen Quellen aufzuspüren, müßte man also die Entstehungsgeschichte der modernen Welt aus ihren Anfängen entwickeln. Ohne die Überzeugung des Individualismus, daß nur das wahrhaft gut getan ist, was in der aktuell lebendigen Gesinnung wurzelt, ohne seine Ansicht, daß das Individuum sich selbst genügt und, je mehr es an Selbstgenügsamkeit gewinnt, an Wert gewinnt, ohne den Gedanken der Höherwertigkeit des Autonomen vor dem Heteronomen und schließlich, was damit gegeben ist, ohne die Emanzipation des Geistes von der Wirklichkeit, der Natur, dem Leben, ohne das Prinzip größtmöglicher Bewußtheit ist Radikalismus nicht denkbar.

Wenigstens nicht in dem letzten Sinne, in dem er jeder Tradition zu schaffen macht, als Opposition gegen den Grundsatz des Lebens: »Der kommt am weitesten, der nicht weiß, wohin er geht.« Denn in zunehmendem Maße hat die abendländische Welt diese Weisheit des Verborgenen vergessen. Ihre Entwicklung ist Kampf um Aufklärung, um das Bewußtmachen der Kräfte, durch welche wir Erfolg haben, zu Gesetzen, nach denen wir den Erfolg zwingen können. Dieser Idee genügt die Welt nur als Mechanismus. Solange ihr noch Eigenwilligkeit und Irrationalität vorbehalten bleibt, kann der Mensch nicht hoffen, sie jemals vollständig zu beherrschen. Was aber aus sich selbst, streng nach allen Richtungen bestimmbar, abläuft, weil es so ablaufen muß, das fügt sich der Voraussicht und damit der Macht. Nach diesem Prinzip hat die moderne Naturwissenschaft ihre Siege errungen, die sich in der zunehmenden technischen Gewalt des Menschen über die Dinge ausweisen und in der Industrialisierung sich bezahlt machen. Prinzip und Methode empfahlen infolgedessen ihre Anwendung auf alle Lebensgebiete. Neben den Naturwissenschaften entstanden Geistes- oder Kulturwissenschaften, von denen die Öffentlichkeit ähnlichen Nebenerfolg in der steigenden Beherrschbarkeit der menschlichen Beziehungen erwartete, wie ihn die Naturwissenschaft in der Beherrschbarkeit der Natur gebracht hatte. Hemmungslose, restlose Rationalisierung propagierte die Weisheit des Intellekts: Der kommt am weitesten, der weiß, wohin er geht.

An Widersprüchen gegen diese These hat es nie gefehlt, zumal da die immer gewaltigeren Unzuträglichkeiten ihrer Wirkung: Zerfall der patriarchalischen Lebensordnung, Revolutionierung der Stände, Entstehung der Industriearbeiterschaft Probleme auf Probleme türmten, vor denen die Ruhe des Glaubens und Lebens floh. Aber die Widersprüche nahmen in der Form die Hemmungslosigkeit und Restlosigkeit an, mit welcher die Rationalisierung sich durchsetzen wollte; dem Gift mußte ein gleich starkes Gegengift entgegengebracht sein. Dieses Gegengift, der radikale Irrationalismus, sucht ebenfalls dem Leben durch Mobilisierung seiner ihm innewohnenden Grundkräfte beizukommen. Was unter der Voraussetzung der mechanischen Struktur aller Dinge der Rationalismus will, die Erzwingung des Erfolgs durch Entbindung der im Weltgeschehen ohnehin sich vollziehenden Prozesse, durch Einpassung in die Maschinerie und kluges Sichmitführenlassen von dem großen Uhrwerk der Natur, erstrebt unter der Voraussetzung eines durch und durch produktiv überschäumenden Wesens der Welt der Irrationalismus. Auch er fordert eine bestimmte eindeutige Haltung, »weil« das Leben und die Wirklichkeit so ist. Er fordert Kampf gegen die Erstarrung im Gewordenen, Zertrümmerung des Alten, weil es das frische Wachstum unter Vernunft zu ersticken droht, Revolution, Anarchie, weil die Gottheit nur im Werden, im schöpferischen Akt, in der Bewegung lebt, wie der rationalistische Radikalismus das gleiche fordert, nur aus umgekehrten Gründen. Beide suchen zu Prinzipien der Lebensgestaltung die Kräfte der Lebensgestaltung zu disziplinieren, das, was ohnehin da ist und wirkt, ins Bewußtsein zu heben, um es durch diese Transformation in die Gewalt zu bekommen und seine Schöpfermacht zu verstärken. Und wenn der radikale Irrationalist und Lebensfanatiker das Bewußtsein negiert und die Ursprünglichkeit vor der fressenden Gewalt der Reflexion schützen will, so doch nur in und aus der Bewußtseinsgewißheit von dieser Gewalt über die Unbekümmertheit des Lebens.

Radikalismus heißt Vernichtung der gegebenen Wirklichkeit zuliebe der Idee, die entweder rational oder irrational, aber in jedem Sinne unendlich ist, Vernichtung der Schranken, die ihrem vollkommenen Ausdruck gezogen sind, um ihrer Materialität, Ungeistigkeit, Unlebendigkeit willen. Alles Konkrete läßt seine Komponenten nur ahnen, aber die Radikalität will die Komponenten isolieren und eine zum schöpferischen Prinzip des Konkreten machen. Der Glaube, die Wirkungen zu reinigen, indem man die Faktoren reinigt, und das, was man für erstrebenswert hält, dadurch zu verwirklichen, daß man die Bedingungen seiner Möglichkeit zu Kräften seiner Produktion werden läßt, trägt, weil er der Lebensnerv der Radikalität ist, selbst extremste Ausformungen des Radikalismus, in der Kunst etwa Impressionismus – Expressionismus, in der Politik Kommunismus – Anarchismus.

Unsere Zeit leidet unter den Wirkungen dieser extremistischen Geisteshaltung, die schon darin vorbereitet ist, daß die geistige Schicht durch Dissoziierung der modernen Gesellschaft, die immer schwieriger werdende Möglichkeit, sich neben einem Beruf noch mit ihrem Ganzen bekannt zu machen, vom Volk getrennt wird, wie das Volk durch die steigende Technisierung und Industrialisierung von der Natur. Alle Ausgleichsversuche helfen dagegen nichts. Volkshochschulkurse verbinden den Intellektuellen so wenig mehr mit den anderen Volksschichten wie Spaziergänge den Fabrikarbeiter mit dem Landleben. Der Städter wieder isoliert sich in seinen Berufen vom Ganzen, so daß die Stadt als Organismus einem immer abstrakter werdenden Funktionssystem von Arbeitsmöglichkeiten Platz gemacht hat. In der zunehmenden berufsmäßigen Dissoziierung des Lebens, die sich unter dem Zeichen des extremen Rationalismus vollzieht, in der Mechanisierung der Berufe wird die Natur entwertet. Bestenfalls als schöner Anblick und Stätte der Erholung respektiert, bedeutet sie das Energiereservoir und Arbeitsfeld des Menschen. Die moderne Welt lebt in der Isolierung ihrer eigenen Komponenten den Radikalismus, die Entgeistung der Wirklichkeit und hat darum zu ihrer Apologie wie zu ihrer Opposition radikalistische Theorien nötig.

Eine entgeistete Wirklichkeit wird purer Stoff, Hemmung, sinnloses Hindernis. Überall hat nach der radikalistischen Ansicht der Mensch mit Sinnlosem zu kämpfen, mit dem Gegenspieler des Geistes, des Lebens, der Idee: mit Natur, dem Inbegriff blinder Macht. Und aller Haß gegen das blinde Prinzip, das uns in die

Endlichkeit verbannt, richtet sich gegen diesen Zwang der Macht, unter dem alle Wesen stehen, gegen den Willen zur Macht, der das schlechthin Sinnlose, Sündige wird. Der Radikalismus sieht in der Behauptung der Macht in jedem Fall eine Gewissenlosigkeit, als Rationalist und Moralist mit schlechtem, als Irrationalist und Immoralist mit »gutem« Gewissen. In seiner Perspektive erstarrt der Kreislauf der Geschöpfe wie der menschlichen Dinge zum Kampf ums Dasein, sinkt alles Leben, da es der Idee ewig unangemessen bleibt, um eine Stufe tiefer, der Mensch auf die Stufe des Tieres, das Tier, das Lebendige, auf die Stufe des Automaten. Das Wirkliche wird das Minderwertige schlechthin, und die Tatsache, daß ohne Respektierung dieser minderen Wertmacht nichts geschieht, degradiert natürlich die Arbeit, die ihren ganzen Sinn auf Verwirklichung richtet.

Zweifellos gehört zu den lebendigsten Antrieben des Radikalismus das Christentum der Evangelien und sein Bewußtsein von der Erbsünde, von dem gefallenen Charakter des Menschen. Seine unausgleichbare Inadäquatheit zum reinen Geist, wie er in der Offenbarung und im eigenen Selbstbewußtsein deutlich wird, legt ihm Gesetze des Handelns auf, welche allerdings vor seinem Forum nicht bestünden, wenn nicht eine ausgleichende Macht sich ins Mittel gelegt hätte durch die Fleischwerdung Gottes in Christus. Mit der Entschuldung des Menschen durch den Opfertod des Herrn ist aber der beruhigenden noch eine aufreizende Kraft insofern beigestellt, als durch ihn ganz neue Möglichkeiten zu einem geistadäquaten Leben erschlossen werden. In diesem Möglichkeitsgefühl, in dieser Gewißheit neugewonnener Kraft wurzelt der Radikalismus des Urchristentums.

Erst als die Katakomben verlassen waren und der christliche Gedanke das oberirdische Rom gewonnen hatte, vermochten die ausgleichenden und beruhigenden Elemente der Lehre zur Verfestigung ihrer neuen Macht in der Organisation der Kirche und des Papsttums beizutragen. Die maximale Ruhelage erreichte der Ausgleichsgedanke von der relativen Heiligung alles Wirklichen im System des Thomas von Aquino. Hier war jede dualistische Zerklüftung in Geist und Erde als unversöhnt sich entgegenstehende

Wesenheiten überwunden. Ein Kontinuitätssystem der Wertstufen umschloß mit mütterlicher Liebesgewalt das Lauterste wie das Trübste in der Überzeugung von ihrer gegensinnig sich bedingenden Notwendigkeit. Allen Dingen waren ihre Plätze angewiesen, allen war verziehen, denn auch das Unverzeihliche, das absolut Finstere war in seiner relativen Theologik begriffen. Es gab kein sinnloses Geschäft auf dieser Erde, der Radikalismus hatte keine Argumente mehr.

Die Kirche im Geiste der Urchristen reformieren, hieß dem Radikalismus neue Möglichkeiten verschaffen. Als Deutscher brachte Luther der Welt den Ernst, der keine Kompromisse kennt, den Fanatismus des Gewissens, das alle Wahrheiten vor die Seele halten will und sich nicht beugt, es sei denn, daß es dazu selbst Ja sagt. Der Deutsche ist schwer und über ihm wird alles schwer, heißt es bei Goethe; er hat ein Wort für das zentrale Wesen der menschlichen Natur, das Wort Gemüt, das mit dieser Tönung in andere Sprachen unübersetzbar ist, und diese Gemüthaftigkeit verbietet ihm, was andere Völker haben, eine Unbekümmertheit, die das Leben spielend lebt, spielend in doppelter Bedeutung: heiter in dem Bewußtsein, daß nichts unbedingt verpflichtet, sondern auch noch im Letzten ein Gran Beliebigkeit steckt, und mit Verstand, der die Dinge nimmt, wie und weil sie einmal so sind. Der Deutsche ist stolz darauf, in seinen besten Männern das Gewissen der Welt zu sein, aber heißt das nicht auch für die anderen den Spielverderber zu spielen? Heißt es nicht auch unglücklich sein?

Protestantismus ist die Religion der Konzessionslosigkeit, weil jeder Mensch unmittelbar zu Gott ist, und damit ein Bruch mit der Wirklichkeit. Protestantische Menschen, die eine Berufung zur Wirklichkeit kennen und nicht auf Gottes Werk verzichten, haben nur zwei Möglichkeiten: den tragizistischen Dualismus ewiger Unvereinbarkeit zwischen den Forderungen der sündigen Realität und den Geboten Gottes, das Ethos Luthers des Deutschen, oder das gleichsam alttestamentarische System der Eintracht zwischen weltlichem Erfolg auf Gottes Erde und Erwähltheit durch Gottes Gnade, das Ethos Calvins. Aus diesem Ethos holte der anglikanische Mensch seine kolonisierende Kraft und die Idee des neuen

Weltreichs, das kein Rom mehr zum hierarchischen Mittelpunkt hat, das mittelpunktlose, demokratische, in jedes Mannes Gewissen gleich verankerte Common wealth. Deutschland aber, dessen Idee also gesiegt hatte, trat, ein Opfer seines Wahrheitssinnes, mit der Reformation die weltpolitische Rolle an die kolonisierenden Völker allmählich ab, es wurde europäische Provinz. Der Schlag gegen Rom war ein Schlag gegen sich, da es durch seine Erkenntnis der alten Welt gleichsam das Recht zur Weltherrschaft bestritt und die neue Welt damit in den Sattel setzte.

Jedes Volk hat seinen Radikalismus, Rußland, die Romanen, Amerika, nach Temperament und Denkart verschieden, aber bei keinem Volk gefährdet er den Sinn für die Wirklichkeit und die praktische Entschlossenheit wie bei den Deutschen. Deutschland hat nicht nur einen Radikalismus wie die anderen, den seine Verfechter, so ernst es ihnen auch darum zu tun ist, doch als Anweisung zum seligen, nicht zum praktischen Leben verstehen, in seinen Radikalisten ist es radikal und sucht eine Überzeugung zu leben ohne die Konsequenzen der Weltflüchtigkeit. Denn wäre der Deutsche so passiv wie der Russe, so litte er nicht am Radikalismus. Nur weil er aktiv, tatfreudig, erfinderisch und lebensfroh ist, zerreißt ihn seine innere Schwere, sein Überzeugungsdrang, zerreibt er sich in dem Antagonismus von Tatendrang und Gewissenhaftigkeit. Deutschlands klassisches Problem ist also die Frage der Vereinbarkeit von Wirklichkeit und Idee, sozial gefaßt von Politik und Moral.

Drei Antworten auf diese Frage sind möglich, wenn man eine unbedingte moralische Bindung des Menschen in irgendeinem Sinne zugibt: die thomistische, die calvinistische und die lutherische. Im System des Thomas (als Typus genommen) wird die Eigengesetzlichkeit des auf Verwirklichung gehenden Handelns bei absoluter Unterordnung unter reine Prinzipien durch den Gedanken des Stufenbaues des Universums gewahrt. Der calvinistische Typus harmonisiert das gute Gewissen mit dem irdischen Macht- und Erfolgsstreben durch den Gedanken der Gnadenerwähltheit des glücklichen Gottesstreiters, der, gäbe ihm Gott kein Glück und damit das Recht zum Glück, auch nicht die Erde für Gott erobern könnte. Der lutherische Typus schließlich beruhigt das Gewissen durch die Idee der Amtsmoral, welche trotz ihrer Gegensätzlichkeit zur Privatmoral ebenso vom Menschen gefordert ist wie diese, beruhigt also nicht durch innere Harmonie, sondern inneren Streit. Gegen das schlichte Heldentum des Cromwellschen Reiters steht das tragische Heldentum des deutschen Staatsmannes, dem (in seinen höchsten Exemplaren) ein Schwert durch die Seele geht, wenn er die Mächte dieser Welt, und nicht nur die perfiden, besiegen will. Lutherischer Christ sein, und darum ist diese Religiosität im tiefsten deutsch, heißt alle Wertforderungen gleich tief, gleich unmittelbar, gleich ernst erleben und dennoch unter der Last ungebeugt dastehen und die Kraft zur Entschlossenheit, Schlichtheit, Eindeutigkeit aufbringen. Dem Katholiken nimmt die Synthesis der Gegensätze die Kirche ab, dem Calvinisten Gottes Gnadenwahl, dem Lutheraner aber ist sie nicht abgenommen, sie wuchtet mit unermeßlicher Schwere auf seinem Gemüt, er selbst, der Mensch, soll Schauplatz des Kampfes und der Versöhnung aller Gegensätze in Gott sein.

In der Struktur des deutschen Geistes steckt eine die Willensbildung des einzelnen, und wie erst des Staates, hemmende Eigenschaft, deren Dämpfung und Disziplinierung durch die lutherische Religiosität bedeutend erschwert wird. Anstatt die innere Kluft zwischen Idealgebundenheit und Wirklichkeitsverantwortung, Privatmann und Berufsmensch zu schließen, arbeitet sie vielmehr an ihrer beständigen Erweiterung. Niemandem ist wohl bei der Lehre von der gottgewollten Abhängigkeit des praktischen Lebens, wenn es Skrupellosigkeit und Machiavellismus verlangt, nur um den einzelnen noch tiefer aufzuwühlen und ihn die Wucht der irdischen Sündenexistenz fühlen zu lassen. Dem Deutschen ist nicht leicht ums Herz, wenn er Politik treibt, weil er sich nicht zu spielen getraut. So kommt er in jene verbissene extremistische Haltung, zur Überkompensation seiner inneren Labilität, zur Übersteigerung aller methodischen Disziplin in Wissenschaft, Erziehung, militärischer Ausbildung, zur Überschätzung der rationalistischen These, daß man, um in der Welt sein Glück zu machen, die Prinzipien des Erfolgs vorwegnehmen müsse. Das ist gut und richtig da, wo es hingehört. Wendet man sie aber maßlos an, so ist die natürliche Folge, daß ein Volk nur geübt, aber nicht für die Gefahr, für die Entscheidung erzogen wird. Ein solches Volk fängt an, die Probleme höher zu schätzen als die Lösungen, den Drill zum Selbstzweck zu erheben und zum Knecht von Mechanismen zu werden. Es ist Zeit, daß wir anfangen, die Tragizismen hinter uns zu lassen und uns darauf besinnen, daß der Geist, in welchem Nationalerziehung zu treiben ist, vom Gedanken der Bereitschaft belebt und durchdrungen sein muß. Dann werden wir erkennen, wie sehr Bereitschaft, Entschlußkraft und Wagemut, Elastizität, Anpassungsfreudigkeit und Tatendrang von innerer Sicherheit abhängen, die nie durch eine formalistisch-methodisch überakzentuierte Schulung allein, sondern erst durch eine auf ihrem Fundament sich erhebende material gefüllte, anschaulich große, gedanklich erhebende und klar gefügte Bildung erworben wird.

An solcher Aufgabe, die vom Lutheraner eine Weiterbildung seiner religiösen Überzeugungen verlangt, arbeitet ein ganzes Volk in allen seinen Tätigkeitsgebieten, nicht die Philosophie und der Erzieher allein. Doch fällt der Philosophie dabei eine ganz bestimmte Rolle zu, die Revision der politischen, ja der gesamten angewandten Ethik, und zwar zunächst in ihren anthropologischen Voraussetzungen. Denn wie zu erwarten, entspricht dem tragizistischen Dualismus des Luthertums eine bestimmte dualistische Lehre von der menschlichen Natur und dem Verhältnis des Menschen zur Gesamtnatur, die konform mit der Ausbildung der modern aktivistischen Weltanschauung (seit dem Zerfall der mittelalterlichen Geistesordnung) auf einer Degradation der Wirklichkeit und des Gegebenen besteht. Mit seltsamer Logik führen die verschiedensten Richtungen der neueren Kultur auf die Entgegensetzung und Verfeindung von Innerlichkeit und Wirklichkeit, im großen von Gottesreich und Staatsmacht, in den Elementen von Seele und Körper. Die auf diese Art geist- und seelenlos gewordene physische Natur, der bloße Stoff, das bloße Leben, wird das allzu unzulängliche, jedoch völlig hinreichende Prinzip der irdischen Einrichtungen. Ihnen gegenüber erwächst jene sentimentale Opposition des reinen Idealismus, der das Unbedingte gegen das Bedingte, den Geist und das Herz gegen die Gewalt ausspielt. Es entwikkelt sich eine idealistisch-sentimentale Lehre von der menschlichen Natur nach dem Prinzip der platonischen Kerkertheorie der Seele, derzufolge das Höhere, Reinere im Menschen Gefangener seines Körpers und darum das Unsichtbare und Innere ist. Als Geist und Seele steht das menschliche Wesen in einem schlechthin überindividuellen oder wenigstens überpersönlichen Seinskontakt, in einer unsichtbaren Gemeinschaft, während es als körperliches Wesen zur Vereinzelung und Vereinsamung, damit zur Verteidigung seiner persönlichen Eigeninteressen gezwungen ist.

Das Grundschema der neueren, zumal der lutherisch betonten Anthropologie ist also die Zerklüftung im Menschen zwischen Innerlichkeit und Körper, Geist oder Gemüt und Gewalt, kampflosem Gemeinschaftskontakt und physisch bedingtem Egoismus. Weil das Wertvolle damit der körperlichen, der äußeren Welt des Kampfes schlechthin entgegengestellt ist, können sich zwei Tendenzen sinngemäß entwickeln: die Verrohung der Kampfsitten und die Revolutionierung der Gesellschaft. Der Verrohung der Kampfsitten entspricht ihre allmähliche Technisierung und Mechanisierung in Berufsdiplomatie, Berufspolitik und Berufssoldatentum. Ritterlicher Geist, dem das Leben in seiner ganzen Fülle und seelisch-geistigen Tiefe ein Kampfplatz, darum aber auch ein edler Spielraum war, worin die Gesetze des Anstands, der gegenseitigen Achtung der Würde, der Unantastbarkeit der zentralen Elemente des Menschen beobachtet wurden, dieser Geist weicht dem Zwiespalt von seelisch-intellektuell motiviertem Pazifismus und von der Macht der Tatsachen aufgedrungenem Interessenegoismus. Während der Pazifismus alle edlen Instinkte resorbiert, fließen die unedlen seinem Widerspiel zu. So hat die neuere Welt in zunehmendem Maße den Mut zum Kampf, das gute Gewissen des ritterlichen Kriegers und Staatsmannes verloren. Der Krieg entartet, und je pazifistischer die Ideologie wird, um so militaristischer werden die Ideologen.

Was man mit schlechtem Gewissen tut, gerät auch danach. Der Teufel, um seinen gerechten Anteil am menschlichen Leben betrogen, rächt sich dadurch, daß er das Ganze okkupiert. Ruhte die neuere Welt nicht auf seiner Verdrängung, auf jener Vogelstraußpolitik des puritanischen Idealismus und jener Degradation des Gewaltgedankens, so stünde es bedeutend besser um sie. Es entfielen die beständigen Anreizungen zur Erneuerung der Gesellschaft, die Revolutionen, in denen die kräftig gewordene Tiefenschicht eines Volkes das Bestehende nicht nur stürzen will, um sich selbst an die Macht zu bringen, eine universalhistorische Selbstverständlichkeit, sondern um den Menschen aus seinen Wurzeln, die ihn mit seiner wahren Heimat, mit dem unsichtbaren Geisterreich verbinden, zu erneuern. Ein Exponent dieser Haltung ist Rousseau. Großes ist von ihm ausgegangen, aber etwas Furchtbares hat sich durch seine Lehren in den Köpfen verfestigt, der Glaube an die Erneuerungsmöglichkeit des Menschen durch bewußten Rückgang auf die Quellen der menschlichen Natur. Solange man diesen Glauben rassenbiologisch und rassenhygienisch, bevölkerungspolitisch nimmt, ist er in vielem berechtigt und wird uns allmählich Gewißheit. Nur die Hoffnung auf Rückkehr zum entkomplizierten Urleben, auf Wiedergewinnung des Gemeinschaftsfriedens ist trügerisch, ein Symptom jener schlechten Zwiespältigkeit der neueren Welt. Rousseaus Idee vom hinter uns liegenden goldenen Zeitalter darf man ja nicht einfach mit prähistorischen Gegenargumenten für erledigt halten. Dieses »hinter uns« hat auch einen unzeitlichen Sinn, den Sinn des uns Zugrundeliegens, unserer ursprünglichen, radikalen, eigentlichen und unverfälschten Bestimmung.

»Radikal sein«, heißt es bei Marx, »ist die Sache an der Wurzel fassen. Die Wurzel für den Menschen ist aber der Mensch selbst.«[3] Wenn die Auffassung von der Struktur des Menschen dualistisch ist und eine Unversöhnlichkeit zwischen Geistseele und Körper, zwischen seiner Zugehörigkeit zu dem überindividuellen, vergemeinschaftenden Wertreich und seiner Eingeschmiedetheit in das isolierende Naturreich annimmt, muß die Ethik *wertrigoristisch* werden. Was nicht innerlich verankert vor dem Wertgewissen sich ausweist, fällt dann unter das Prinzip des Wertfeindlichen oder

3 Karl Marx, Zur Kritik der Hegelschen Rechtsphilosophie. Einleitung. Karl Marx/ Friedrich Engels, Werke (MEW), Bd. I, Berlin (DDR) 1972, S. 385.

Wertlosen. Der Wertrigorismus, gestützt auf den Wertindifferentismus, ja Wertnegativismus des Daseins, trägt den Radikalismus in seiner Verneinung der Wirklichkeit als des Gegebenen schlechthin, in seiner Auflehnung dagegen und in seiner Hoffnung, die Wirklichkeit durch neue, tiefere Verwurzelung im Geiste besser machen zu können. Sozialethisch gefaßt heißt das die Verneinung der gesellschaftlichen Lebensbezüge zwischen Menschen, die im Unterschied zu den gemeinschaftlichen »unnatürlich« erscheinen, d. h. Werte nur in Trübungen und Verhüllungen bergen und wertlose, wertfeindliche Mittel der Gewalt verwenden. Gewalt bedeutet dabei den Inbegriff alles Minderwertigen, das – vom Physischen her gesehen – nur zu natürlich, vom Psychisch-Geistigen her gesehen, künstlich wirkt.

Man kann das Problem einer Kritik des sozialen Radikalismus, wie man sieht, auf die Formel bringen: Läßt sich in einem idealen Zusammenleben der Menschen die Gewalt ausschalten? Verträgt es sich, wenn die physische Seinszone, die ja dem Menschen auf Schritt und Tritt Gewaltmittel niederster Art aufzwingt, mit seiner seelisch-geistigen Persönlichkeit, ohne Gewaltmittel, ohne Künstlichkeit und Verhaltenheit auszukommen? Soll und darf der Mensch sogar als außerleibliche Person ausschließlich die Werte der Aufrichtigkeit sich zur Richtschnur machen, soll und darf er sogar als Seelenwesen und Geistwesen überall direkt sein? Gibt es nicht auch Werte der Indirektheit und lassen sich diese Werte nicht nur in einer – wie immer speziell gearteten – gesellschaftlichen Lebensordnung erfüllen und nie in einer Gemeinschaft? Hat die dualistische Anthropologie recht, wenn sie den Menschen als Seele und Geist einer unsinnlichen Gemeinschaft eingliedert und darum jede Gesellschaft mit dem Makel der Minderwertigkeit, weil der Erzwungenheit durch die bloß physische Existenz, behaftet? Erträgt die Seele überhaupt die Direktheit der Gemeinschaft?

Die Methode der Kritik muß demnach die sein, alle die Gewalt im menschlichen Verkehr verteidigenden Argumente, soweit sie sich auf die Notwendigkeiten, Triebe und Strebungen der physischen Schichten unserer Existenz stützen, auszuschalten und gleichsam zum Versuch die These von der eigentlichen Gemeinschaftsbestimmtheit der geistseelischen Person aufzunehmen; sodann positiv mit den artspezifischen Begriffen der geistseelischen Sphäre die These zu prüfen und schließlich die Konsequenzen für Anthropologie und Sozialethik zu ziehen. Der Radikalismus, natürlich nicht als eine ganz unbestimmte Gesinnung der Grundsätzlichkeit, sondern, wie hier auch geschah, als Überzeugung von der grundsätzlichen Umwälzbarkeit der gesellschaftlichen, auf Gewalt basierten in gewaltlose, gemeinschaftliche Lebensbezüge verstanden, wird in dem Augenblick als Lüge entlarvt sein, in welchem zur Klarheit gediehen ist, daß auch das seelische Leben und Sein für sich genommen nur unter besonderen Kautelen den Werten der Direktheit Raum gewährt, im übrigen aber die Methoden der Indirektheit, der Gewalt befolgen muß. Eine derartige Kritik des Gemeinschaftsradikalismus hat den positiven Gewinn in der Erkenntnis einer gewissen Eintracht zwischen Geistseele und Körperleib, die man nicht zu gering veranschlagen soll, weil sie die Möglichkeit einer Vergeistigung und Verfeinerung der Gewaltmittel enthält, die dem Menschen durch seine physische Existenz ohnehin aufgedrungen sind, die Möglichkeit zu einer gesellschaftlichen Kultur in den engsten Grenzen persönlichen Lebensstils wie in den weitesten politisch-diplomatischer Verkehrsformen der Völker.

Zwischen Herrenmoral und Gemeinschaftsmoral

Das Idol dieses Zeitalters ist die Gemeinschaft. Wie zum Ausgleich für die Härte und Schalheit unseres Lebens hat die Idee alle Süße bis zur Süßlichkeit, alle Zartheit bis zur Kraftlosigkeit, alle Nachgiebigkeit bis zur Würdelosigkeit in sich verdichtet. In ihren Prägungen, den Phantomen allzu gequälter Herzen, drängt unter schauriger Roheit Verschüttetes wieder hervor. Maßlose Erkaltung der menschlichen Beziehungen durch maschinelle, geschäftliche, politische Abstraktionen bedingt maßlosen Gegenwurf im Ideal einer glühenden, in allen ihren Trägern überquellenden Gemeinschaft. Der Rechenhaftigkeit, der brutalen Geschäftemacherei entspricht im Gegenbild die Seligkeit besinnungslosen Sichverschenkens, der mißtrauischen Zerklüftung in gepanzerte Staaten der Weltbund der Völker zur Wahrung ewigen Friedens. Das Gesetz des Abstands gilt darum nichts mehr, die Vereinsamung hat ihren Zauber eingebüßt. Die Tendenz nach Zerstörung der Formen und Grenzen fördert aber das Streben nach Angleichung aller Unterschiede. Mit der gesinnungsmäßigen Preisgabe eines Rechts auf Distanz zwischen Menschen im Ideal gemeinschaftlichen Aufgehens in übergreifender organischer Bindung ist der Mensch selbst bedroht.

Verständlich als Ideologie der Ausgeschlossenen, Enttäuschten und Wartenden, des Proletariats, der Verarmten und der die Ketten noch frisch spürenden Jugend, gerechtfertigt als Protest der unter Großstadt, Maschinentum und Entwurzelung Leidenden, entfaltet das Idol der Gemeinschaft seine Anziehungskraft auf die Schwachen dieser Welt. In seinem Zeichen sind Armeen entstanden und Tausende zum Sterben bereit. Darum bedient sich seiner Macht über das Gemüt unbedenklich der Machthaber, die eigene Position im Lichte der Sozialdienlichkeit zu erklären, sich zu schützen und zugleich die gegen ihn erhobene Waffe der Unterdrückten abzustumpfen. Von beiden Parteien gerufen siegt aber der Ruf über die Parteien. Das Wort, zum Phantom verdichtet, wird Fleisch. Die

Nivellierung wächst. Expansive Kraft wird schließlich sozialisierungsreif. Jeder Sieg über die Gesellschaft ist ein Pyrrhussieg: der Große stirbt an seiner Größe und verfällt der Allgemeinheit.
Warum? Weil der Machthaber das Gewissen fühlt, das er nicht wahrhaft mehr zu deuten versteht. Weil er, in dem die Masse Möglichkeit zu höherer Existenz hat, sich untreu wird und diese Möglichkeit als Verrat an sittlichen Forderungen empfindet. Warum? Weil seine Stärke, Machtfülle, Reichtum an physischen und seelischen Mitteln, ererbt oder erworben, seine vitale oder intelektuelle Überlegenheit über die anderen ihm primär im Lichte einer drückenden Schuld, einer unverdienten Bevorzugung erscheint. Die Stärke, wo sie naiv als Naturkraft wirkt, fragt nicht. Deshalb weiß sie nicht zu antworten, wenn sie gefragt wird.
An der Konfrontation mit dem Problem ihrer moralischen Rechtfertigung wird die Stärke irre, ihre Naivität gebrochen. Außerstande, den Deutungen des Gewissens, wie sie die Masse der Ausgeschlossenen in der oppositionellen Ethik der Gemeinschaftspflichten ausgebildet hat, eine mindestens gleichwertige entgegenzustellen, bleibt ihr nur die Zuflucht zur Moralverneinung. Der heroische Amoralismus und Immoralismus wird das letzte Kampfinstrument und verzweifelte Rettungsmittel des Adelsmenschen, des Mächtigen.
Nietzsche ist sein Prophet. Aber seine Beschwörung der ungebrochenen Stärke, sein Appell an die vor- und übermoralischen Rechte des Lebens war mit der Abkehr nicht nur von der christlichen Moral, sondern von der Moral schlechthin, vom Gewissen als geistig-seelischer Entscheidungsinstanz unseres Wollens erkauft. Er sah diese innere Stimme überhaupt als Gegnerin der ungebrochenen, zu höchster Steigerung fähigen Vitalität, er glaubte mit dem Abbiegen von der Unbekümmertheit einfachen Aus-sich-heraus-Lebens, mit dem In-sich-hinein-Hören vor der Tat die Ungebrochenheit gefährdet, ja schon zerstört. Der große Moralist wider Willen, der Apologet des Fleisches, des Blutes, der Rasse aus Liebe zum Geist sah keinen Ausweg aus der Verzwergung des Geistes durch die Vergötzung des Gewissens als die definitive Zerstörung des Gewissens selbst. Um dem Menschen die Veredelungsmög-

lichkeit wieder zu geben, die ihm die angebliche Sklaven- und Tschandalamoral des Christentums genommen hatte, empfahl er die Radikalkur ausschließlichen Aufbauens auf der Vitalsphäre. Aus heroischer Rückkehr zur eigenen Tiefenkraft glaubte er Reinigung und Wiedergeburt, nach dem Selbstverzicht des moralisch verbogenen Christenmenschen, den das Gewissen oder der Geist der Masse, die Ethik der Gemeinschaftsbejahung (im Kern nur die Versicherung aller Schwachen auf Gegenseitigkeit) überlistet hatte, sah er Renaissance des Heidentums, die Basis des höheren Menschen, kommen.

Aber man gibt den Menschen kein gutes Gewissen, wenn man ihnen sagt, daß sie überhaupt keins zu haben brauchen. Gewissensinhalte lassen sich desavouieren, das Gewissen selbst nie. Vom Christentum kann man die Leute vielleicht abbringen, die menschliche Natur in ihren Wesenskonstanten jedoch ist unverrückbar. Was war geleistet? Dem Starken war mit der Demaskierung des Gewissens zwar nicht heidnische, ja vormenschliche Unbekümmertheit wiedergegeben, wohl aber der Wille zum Gebrauch einer höheren, geistigen und darum gewaltigeren Waffe, als alle Natur zur Verfügung hat, lahmgelegt. Gegen die spirituelle Argumentation der Schwachen mußte seine naturalistische versagen, weil das Gewissen, wenn ihm kein Recht, kein Raum, keine Deutung wird, zu mahnen beginnt. Der heroische Gewissensverzicht bedingte ein schlechtes Gewissen, eine chronische Spaltung zwischen dem natürlichen Kraftbewußtsein, dem schöpferischen Machtwillen und der verdrängten moralisch-geistigen Komponente. Nachdem der Rechtfertigungswille selbst schon zum Sündenfall gemacht war, vermochte der Mensch seine Unbekümmertheit nicht mehr zu wahren. Die Vitalität zum ausschließlichen Ethos erhoben, büßte die Kraft, um derentwillen sie erhoben war, ein. Ihrer produktiven Macht war mit solcher Apostrophierung der Todesstoß versetzt, wie es das Gesetz der Vitalsphäre, die nur unbemerkt wirken kann, verlangt. Nur wer vom Leben fort lebt, wahrt ihm seine Kraft; wer zu ihm zurückschaut, fällt der Erstarrung anheim. Nietzsches Tragik liegt in diesem Gesetz beschlossen. Sein wunderbarer Ruf zur Rettung des lebensgeborenen

Machtwillens beschleunigt die Entartung, anstatt sie aufzuhalten; er, der nichts anderes gewollt hat als über sie hinaus zu greifen, gibt der Roheit und Vertierung den Vorwand. Nietzsche rührt an den Schlaf der Welt, deshalb muß, was nur in ihm gedeiht, vergehen.

In der einseitig biologischen Blickrichtung liegt der Fehler. Solange man den Starken nur als Starken, den Schwachen nur als Schwachen kennt, entrinnt man dem Schicksal der Nietzscheschen Lehre nicht. Denn die vitalen Grad- und Artunterschiede bedürfen einer spezifischen Form der Vergeistigung, um in dem Spiel um den Menschen als Einsätze zu gelten. Haben wir es nicht erlebt, wie depravierend Übermenschenlehre und Proklamation der blonden Bestie, Emanzipation des Fleisches und Kraftvergötzung gerade auf den Vitaltypus eines Volkes wirkten, der sie mit Recht auf sich beziehen durfte? Warum ist Deutschland in erschreckendem Maße arm an Führern geworden, wenn nicht dadurch, daß seine Führerschicht im Kampf der Ideen nichts anderes und höheres für sich zu sagen wußte als was der geistige Mensch einem Verrat an der Idee gleichsetzt? Heute sind die Ideen, das Rechtfertigungsbewußtsein Monopole der Schwäche geworden, und der Mächtige, da er sein Gewissen nicht los werden und nicht im Zeichen des Sozialidealismus und der Gemeinschaft kämpfen kann, stirbt daran.

Freilich, wer ist stark, wer schwach? Hier führt einseitige Rassentheorie ebensowenig wie einseitige Klassentheorie weiter. Der Gegensatz ist nicht mit Blond – Schwarz, Arier – Semit, Germane – Romane, Germane – Slave zum Ausdruck gebracht, deckt sich aber auch nicht mit dem von Unternehmer – Arbeiter, Bourgeois – Proletarier. Stark ist, wer die Gesellschaft beherrscht, weil er sie bejaht; schwach ist, wer sie um der Gemeinschaft willen flieht, weil er sie verneint; stark ist, wer die Distanz zu den Menschen, die Künstlichkeit ihrer Formen, das Raffinement des Lebens, die Steigerung seiner Reizmöglichkeiten nicht nur erträgt, auch nicht als Kompensation seiner vitalen Schwäche aufsucht und wollüstig von ihrer Wucht sich erdrücken läßt, vielleicht auch in heroischer Resignation sie gleich Schwertern in seine gemeinschaftsselige Brust stößt, – stark ist, wer den ganzen Wesenskomplex der Ge-

sellschaft um der Würde des einzelnen Menschen und der Gesamtheit willen bejaht, schwach ist, wer die Würde um der Brüderlichkeit in der Gemeinschaft willen preisgibt.
Vom Wesenskomplex der Gesellschaft ist die Rede, nicht von ihrer heutigen oder gestrigen Daseinsform. Wie kurzsichtig, wie demagogisch, wie parteipolitisch handeln jene Theoretiker, welche vor lauter rotem Tuch nur Kapitalismus, Militarismus, Industrialismus sehen. Wie beschränkt sind die Lobredner einer bestimmten Staatsform, Wirtschaftsform, Lebensform, die Wiedererwecker partriarchalischer Werte nicht minder wie die Apostel der Expropriation der Expropriateure. Gewiß, es kommt darauf an. Doch zutiefst steht etwas Elementareres in Frage, das wohl in allen diesen Wirtschafts- und Sozialprogrammen sich spiegelt – die Alternative Gesellschaft – Gemeinschaft. An ihr und nicht so sehr an volkswirtschaftlichen und politischen Sonderfragen scheiden sich die Geister. Differenzen in Sachen des Verstandes, der Zweckmäßigkeit lassen sich kühlen Herzens erledigen. Hier aber steht Gesinnung gegen Gesinnung.
Ihre Träger sind soziologisch kaum einfach faßbar. Sie fallen nicht in bestimmte Schichten, Berufe, Gruppen. Der Machthaber ist nicht ohne weiteres schon der Starke in unserem Sinne, der wirtschaftlich Schwache umgekehrt nicht unbedingt schwacher Gemeinschaftsapostel. Daß durch die rapid sich vollziehende wirtschaftliche Machtverlagerung die organisationsfähigen Berufsklassen mit Streikgewalt de facto nach oben gelangt sind, das Heer der Industrie in seiner Einheit von Trust- und Syndikatskapitänen und Arbeitnehmern erdrückend wächst, während mit abnehmender Organisationsfähigkeit die Gefährdung des einzelnen zunimmt, wirtschaftlich, politisch und sozial der heute am schwächsten ist, der allein steht, hat das Proletariat der Not entzogen und ihr den kleinen Kaufmann, die freien Berufe, die Intelligenz ausgeliefert. Das Lebensrisiko wächst mit abnehmender Lebenswichtigkeit der Beschäftigung, und doch kann man nicht sagen, daß nach diesem Gesetz die starken Gesellschaftsbejaher und die schwachen Gesellschaftsverneiner zu finden sind. Das allerdings ist richtig, wenigstens innerhalb gewisser Grenzen, daß die wirtschaftliche Gesi-

chertheit Zufriedenheit mit den Sicherungsfaktoren, d. h. mit den bestehenden Zuständen bedeutet. Insofern schaut der bedrohte Mensch stets über die Gegenwart hinaus und ersehnt goldene Zukunft oder Wiederkehr goldener Vergangenheit. Es ist aber nicht gesagt, daß dieses Sehnsuchtsbild etwas vom Wesen der Gemeinschaft haben muß. Auch der gesicherte Proletarier kann, wie der bedrohte Bürger, sich von der ihm, seiner sozialen Natur in gewissem Sinne wahlverwandten Gesinnung freimachen, zu einem Ethos der Gemeinschaft oder der Gesellschaft sich bekennen, weil seine Interessen nicht davon betroffen werden. In unserem Sinne Starke und Schwache kann es in allen Teilen des sozialen Organismus geben, weil *die* Wesensmerkmale von Gesellschaft und Gemeinschaft, welche sie gegeneinander ausspielen, ethischen Charakters sind, also nicht zu den wirklichen Einrichtungen des sozialen Gefüges, wenigstens nicht unmittelbar, gehören. Und nur das steht als wahrhaft Elementares in Frage: der Gegensatz zwischen Gesellschaftsgesinnung und Gemeinschaftsgesinnung, zwischen dem Ethos, das die Wesenszüge sozialer Ordnung vom Gepräge einer Gesellschaft, und dem, das die Wesenszüge sozialer Ordnung vom Gepräge einer Gemeinschaft beseelt – oder immerhin beseelen sollte.

Deutschland, hat man gesagt, leidet am unverstandenen Bismarck. Fügen wir noch zwei Leidensursachen hinzu: den unverstandenen Nietzsche und den unverstandenen Marx. Liegt der Fall bei dem ersten insofern schwieriger, als die Mißverständnisse, die falschen Anwendungen, wie oben erwähnt, zur paradoxen Konsequenz seiner Lehre selbst gehören, so droht dem Verständnis des zweiten Gefahr in den Instinkten derer, an die er sich wendete. Dem unentwickelten Intellekt des Fabrikarbeiters lassen sich die feinen Gedankengänge der von der Entwicklung des Produktionsprozesses selbst besorgten Überführung des Privatbesitzes in Allgemeinbesitz nicht klar machen, ohne daß sie ihm als Wegweiser zur Befreiung aus Maschinensklaverei und grauem Alltag erscheinen. War Nietzsche bewußter Gesellschaftsfeind aus Aristokratismus, so wirkt Marx gesellschaftsfeindlich aus Sozialismus durch die Mobilisierung des Masseninstinkts. Der Individualist hebt die Gesellschaft zugunsten des großen einzelnen, der Sozialist zugunsten der Gemeinschaft auf. Gegen diese Umkehr der Lehre ihres Führers in den Herzen der Geführten, gegen diese sentimentale Umprägung sozialökonomisch gemeinter Überzeugung haben weder der revisionistische noch der bolschewistische Sozialismus angehen können noch (natürlich) angehen wollen. In dieser Verkettung gleichsam naturwissenschaftlicher Beweisführung und eschatologischer Erweckung ruht ja die werbende Kraft des Marxismus. Die zwei Naturen in Marx, Evolutionär aus nüchterner Soziologie und Revolutionär aus messianischem Pathos, haben ihm die riesige Wirkung auf das Industrieproletariat verschafft, an deren Doppelcharakter es jetzt selbst am meisten leidet.

Tatsächlich liegt es so, daß die sich und Marx mißverstehenden Arbeitermassen vornehmlich im Ethos der Gemeinschaft verankert sind (soweit sie überhaupt ein Lebensbewußtsein haben oder erstreben), obwohl sie ihren Berufsinteressen nach, was Marx gerade zu beweisen suchte, einer gesellschaftlichen Ordnung verpflichtet sind. Ihnen gegenüber steht nicht etwa der von der Theorie ihnen zugesprochene Erbfeind, der Unternehmer, sondern (soweit hier kollektive Kennzeichnung möglich ist) der Vertreter älterer und ihrer einstigen Macht allmählich entkleideter Lebensform, der Gutsbesitzer, der Offizier, wohl auch in manchem der Literat, der Gelehrte, der Künstler. Hier kann man noch von geborenen Individualisten, Herrenmenschen sprechen, hier lebt etwas von Nietzsche.

Wir finden also die Gesellschaft gemeinsam von zwei einander diametral entgegengesetzten Theoremen bekämpft, nicht ohne Mißverständnis und inneren Widerspruch, und wir suchen vergeblich ein Theorem der wahrhaften Stärke, eine Idee, welche die Gesellschaft, das Ethos einer Gesellschaft trägt und verteidigt.

Hebt die Marxsche Doktrin auch die Gesellschaft nicht auf (das tun nur Marxsche Doktrinäre), sondern setzt an die Stelle der alten eine neue: die sozialistisch geordnete, so überläßt sie die Frage des Ethos doch dem kommenden Zustand, getreu ihrem materialistischen Prinzip, wonach Geist und Gesinnung von den realen Verhältnissen hervorgebracht werden. Aber ihre Kritik an der kapitalistischen Gesellschaft wirkt als Todesurteil über *alle* Gesellschaft, weil die revolutionär-messianische Komponente radikalen Gesinnungswandel voraussetzt. Nietzsche wirft in seinem individualaristokratischen Ethos des Herrentums Gemeinschaftsgesinnung und Gesellschaftsgesinnung in einen Topf. Er kämpft gegen die einheitliche Front der Sozialität und Kollektivität, ohne auf die Wesensverschiedenheiten sonderlich Gewicht zu legen. Jedes Miteinander auf gleichem Niveau, wie es Gesellschaft und Gemeinschaft gemeinsam ist, steht ihm für Sklavengeist. Also sehen beide, Sozialismus und Nietzsche, ein Gesellschaftsethos überhaupt nicht.

Nichts beweist deutlicher diese Ideenlage als das Verhalten der Jugend. In ihm gewinnt, was in Rede steht, Anschaulichkeit und Zuspitzung. Von Natur radikal sieht sie den ewigen Zwiespalt von Vater und Sohn im Lichte des Kontrastes alter und neuer Sozialordnung. Die Avantgarde der Utopie versteht das ewige »in tyrannos« als Kampfruf gegen die Ordnungen der Gesellschaft. Eine ihrer noch ungebrochenen Gläubigkeit, ihrem Liebebedürfnis, ihrer Freundschaftsseligkeit unverständliche Kälte in den Beziehungen von Mensch zu Mensch, Rechenhaftigkeit, Misanthropie, Skepsis nimmt sie für überwindbare Symptome überwindbarer, weil schon überlebter Verfassung des Zusammenseins. Was ihr in Freundschaftszirkeln, auf der Wanderschaft gelingt, offen zu sein und rückhaltlos in der Gemeinschaft von Überzeugungen sich selbst steigern zu können, wird ihr zum Vorbild kommender Lebensordnung eines Volkes, einer Völkergemeinschaft. Die Jugendbewegung wuchs aus dem Protest gegen die Großstadt und Degenerationsideale, gegen Versnobtheit und Müdigkeitspathos. Und der Wald allein tut es nicht. Wenn sie eine Bewegung der Erneuerung und nicht bloß der Asphaltfeindschaft sein wollte, mußte sie Ideen haben.

Ihre Idee war: Los von der Zivilisation, empor zur Gemeinschaft. Sollten die ewig nörgelnden Väter, die erfahrenen Skeptiker recht behalten? Ließ sich gegen die Voraussetzung des Zeitalters des Liberalismus, der Toleranz, des Einerseits-Andererseits aus zu tiefer Erkenntnis von allem, der rigorosen Geschäftsmoral mit ihrer

Erfolgsvergötzung nicht angehen? Das Leben nur ein Kampf ums Dasein einzelner Personen? Volk und Vaterland, Völker und Vaterländer auch Personen in der großen Anarchie, die nur das Gesetz der Stärke kennt? Und wenn dieses alles von dem Ziel und den Methoden des Fortschritts verlangt wird, wer sagt denn, daß die Menschheit fortschreiten soll? Was ist mit Auto und drahtloser Telegraphie gewonnen? Hier war eine Frage angeschnitten, welche die Generation der Väter und Großväter endgültig im positiven, fortschrittsoptimistischen Sinne erledigt glaubte, hier rührte die Jugend an das Fundament ihres Zeitalters, und ihre vielleicht vorschnelle, maßlose Verneinung des Fortschritts und der Zivilisation war sicher die konsequente Angriffsformel im Kampf gegen die Gesellschaft von heute und überhaupt.

Nur der Jugend gelang, was theoretisch nie hätte gelingen können und sich gedanklich auch nicht widerspruchslos verteidigen läßt, die Verschmelzung Nietzsches und Marx' im Lebensgefühl heroischer Gemeinschaftsbejahung. Allerdings hätte sich weder Nietzsche noch Marx darin wiedergefunden. Vom einen kam der antidemokratische Geist, die Verpflichtung zur Form, Exklusivität, die Sehnsucht nach Größe, Aufopferung, Irrationalität, vom andern (wenn auch fälschlich verabsolutierte) Gesellschafts- und Zivilisationsfeindschaft, eschatologische Haltung und Liebe zu den Armen. Die Synthese aus beiden läßt freilich keinen Individualismus, keine Massenverachtung, keine rücksichtslose Geistverneinung um des schöpferischen Lebens willen, auch keinen Materialismus, keine Dogmatisierung des wirtschaftlichen Betriebes mehr zu. Eine neue Jugend war da, körperlich ertüchtigt, aber ganz und gar geistgläubig, Pharisäer, wo die Väter large, religiös, wo diese aufgeklärt, ernst und enthaltsam bis zum Haß gegen Freiheit, wo sie feuchtfröhliche Burschen und Bohemiens gewesen waren.

Der bloßen Oppositionslust und dem unerträglich gewordenen Großstadtdruck hatten sich mächtige Hilfsmittel gedanklicher Art zugesellt. In der Kunst, der Philosophie und den Einzelwissenschaften ging es von den naturalistischen Thesen in einen neuen Idealismus der bewußten Form, der Überlegenheit über die Wirklichkeit des Tages. Bourgeoisie jeder Art suchte man auszutreiben, und was war die Darwin-Haeckelsche Schöpfungsgeschichte schließlich anderes als eine grandios nach rückwärts verlängerte und verlagerte Welttheorie von bürgerlich-kapitalistischen Wertmaßstäben? Der Kampf ums Dasein, die Auslese der Tüchtigen nach dem Prinzip der besten Angepaßtheit als Triebmomente eines kontinuierlichen Aufstiegs vom Einfachen zum zerebral Kompliziertesten verankerten die industriellen Errungenschaften des 19. Jahrhunderts unmittelbar verständlich. Europäer und Amerikaner sahen sich auf höchster Entwicklungsstufe eines riesigen Konkurrenzkampfes, der mit den Mitteln der Amöben begonnen, über das Stadium der Weichtiere, Wirbeltiere, Affenmenschen, der Stein- und Bronzezeit, der Assyrer, Ägypter, Griechen, Römer, überall abgelebte Natur- und Kulturstadien zurücklassend, wie die australische Urbevölkerung oder die afrikanischen Neger, die Chinesen oder die Eskimos, durch alle diese Etappen sich mehr und mehr zuspitzend mit den Mitteln des raffinierten Intellektmenschen seine bis jetzt bewunderungswürdigste Ausgestaltung gefunden haben sollte. Nach diesem Schema war das Weltbild gegliedert. Das Frühere war das noch nicht so Kluge wie das ihm Folgende. Ägyptische Kunst und Religion waren primitiver als die Griechenlands, der Katholizismus noch nicht so weit wie die Reformation.

Fortschrittstypen der exakten Wissenschaften, der Technik und Industrie hatten hier eine unzulässige Anwendung auf den Werdegang der ganzen Natur und des Geistes erfahren. Als sich die Kulturhistoriker, die Geschichtsphilosophen dagegen erhoben, als die pessimistische Zeitkritik im späten 19. Jahrhundert tausendfaches Echo fand, brach die gedankliche und gefühlsmäßige Ablehnung der europäischen Perspektive durch. Ein materialistisch verballhorntes Hegelsystem hat den Zusammenbruch des Entwicklungsgedankens beschleunigt, um einer neuen Philosophie der Gleichberechtigung aller Kulturen Platz zu machen, die zugleich eine mindestens stark abschwächende Haltung zu den technischen Leistungen des Abendlandes einschloß. Wir sind hier noch am Anfang. Aber es wird jetzt verständlich, warum die neue Jugend den Mut fand, die väterliche Position an einem Punkte zu berennen, dessen Erschütterung geradezu fünfhundert Jahre menschlicher Geschichte in Frage stellt. Wie die erste Phase des Entwicklungsglaubens mit der Romantik, so schließt die letzte Phase mit dem Geistestypus der deutschen Jugendbewegung, der Trägerin des heroischen Gemeinschaftskultes, ab.

Es bleibt nur noch die Alternative, die sich *innerhalb* des Gemeinschaftsethos hält, zwischen heidnischer und christlicher Lebensform, zwischen dem Stern des Bundes und dem Stern Bethlehems. Für eine gesellschaftliche Lebensordnung wie immer, für eine Zivilisation, die Kultur nicht als Ziel und Bindung, sondern als Mittel und Befreiung empfindet, in welcher nichts auf Intimität, alles auf Abstand angelegt ist und nicht der Triumph des Wertes über den Zweck, sondern der Sieg des Spieles über den Ernst am höchsten geschätzt wird, für das Ethos der Grazie und Leichtigkeit ist diese Jugend nicht zu haben.

Bewußte Bejaher gesellschaftlicher Ordnung überhaupt trotz allem Zivilisationselend der Massensysteme, welche durch ihre rohe Form kulturelle Arbeit mehr bedrohen als fördern, die wahrhaft Starken in unserem Sinne, die Zuversichtlichen quand même, die heroischen Optimisten des Maschinenzeitalters sind selten. Wer einfach mitmacht, Ingenieur, Politiker, Militär, Wissenschafter, ist es ohne weiteres noch nicht, denn wie wenigen geht die Fraglichkeit ihres Milieus überhaupt auf, und wie gut ist es, daß sie ihnen nicht aufgeht. Der heroisch Heitere auf resignativem Hintergrund aber ist bei aller Bewußtheit nicht der Typus des Starken, denn er bringt wohl Tätigkeit und Ausgleich, aber keinen Glauben mehr auf. Gesellschaft bejahen um der Gesellschaft willen, die ihr eigenes Ethos, ihre eigene, der Gemeinschaft überlegene Größe hat, und einsehen lernen, daß eine unendlich zu steigernde Anspannung des Intellekts für die steigende Vollendung gesellschaftlichen Lebens, für die immer größere Souveränität gegenüber der Natur verlangt ist, die Maschinen bejahen, an deren Sozialfolgen die Gegenwart leidet, die ganze Pflichtenlast der Zivilisation, wie sie das Abendland erfunden hat und ausbildet, um der wachsenden Spielmöglichkeiten, die sie bringt, auf sich nehmen, das ist die wahrhafte Stärke, auf welche es ankommt. Nicht als Tugend aller gedacht, sondern als Ethos der Herrscher und Führer. Die Mehrzahl bleibt unbewußt und soll es bleiben, nur so dient sie. Wer aber zu voller Bewußtheit durchdringt, muß die Verantwortung kennen. An ihm dürfen die Menschen der Maschine nicht mehr irre werden.

Aber wir stehen noch mitten im Asiatismus, Exotismus, in der Verneinung der abendländischen Idee. Ihrem Eroberungszug über die Erde widerspricht allmählich das Verhalten der Geistigen in dem technisch führenden Volk Europas, in Deutschland. Wo hätte sich wirkliche Opposition gegen diesen zivilisationsfeindlichen Geist erhoben? Coudenhove-Kalergi schrieb seine tapfere Apologie der Technik[4] und nahm in Schutz, geistig und bewußt, was bei Spengler einen ganz wesentlichen Teil seiner Verfallssymptomatologie bildet. Gerade die Technik läßt sich sehr gut aus der ihr innewohnenden Zielidee, aus dem utopischen Gehalt, den von Bacon an alle Erfinder, alle Zukunftsdichter bis zu Jules Verne, Max Eyth und Kurd Laßwitz erschaut haben, rechtfertigen. Und doch fehlt zu dem Reiz ungeahnter Perspektive kommender Menschenkraft über die Natur die eigentlich verpflichtende Idee. Diese Jugend mit ihrem Ernst hat keine Lust am Abenteuer, sie steht zu sehr darin, daß Milieu ist selbst aus allen Fugen, das Höchste im Leben, die Möglichkeit, bedeutet ihr nichts mehr. Sie will Entschiedenheit, Verantwortung, Gebundenheit. In der Steigerung des möglichen Umfangs unserer Existenz, an der auch die Technik arbeitet, sieht sie nur Ablenkung von der intensiven Aufgabe, das Leben inhaltlich zu vertiefen.

Eine Rettung der Technik, der Gesellschaftsmittel vor dem Forum des Geistes ist ethisch oder sie ist nicht. Sie ist durchführbar nur als eine Verteidigung der Gesellschaft und hängt ab von dem Nachweis ihrer Notwendigkeit, gemessen an dem Grundwesen der menschlichen Natur. So wahr es ein solches Grundwesen gibt, ein Menschliches sich durch alle Rassen, Völker, Kulturen und historischen Wandlungen hindurchzieht – und muß es derartiges nicht als Idee geben, da wir überall von Menschen und Menschlichem sprechen? – so dauerhaft kann dieser Nachweis gelingen. Es wird immer Ethiker geben, welche behaupten, daß die Wesenskenntnis der

4 Richard Nikolaus Coudenhove-Kalergi, Apologie der Technik, Leipzig 1922.

menschlichen Natur für sie nicht maßgebend sein dürfe. Wir sind nicht dieser Ansicht. Gewiß verlangt jede radikale Forderung vom Menschen ein gegen sich Angehen. So wie er ist, genügt er nicht dem Soll, welches ja gerade die Wirklichkeit überfliegt. Hat es aber Sinn, anzunehmen, daß der Mensch durch diese Forderungen seines Gewissens, Herzens, Geistes aus seiner Bahn, aus seinen Möglichkeiten, die ihm durch eine gewisse Form des Leibes und der Seele vorgezeichnet sind, herausgeworfen werden soll? Lieber sollte man doch einmal die Angelegenheit aus der Nähe betrachten und sich die Frage vorlegen, ob nicht in den wirklichen Verhältnissen und Widerständen *gegen* die Radikalität geistig-sittlicher Forderungen ein besonderer, nicht weniger respektabler Sinn verborgen liegt, gegen den selbst um dieser geistig-sittlichen Forderungen willen zu verstoßen die Existenzgrundlagen für die Besserung und Erhöhung menschlicher Verhältnisse vernichten heißt. Wir achten zu wenig jener antimephistophelischen, aber den Ausgleich des Lebens nicht weniger wie Mephisto bedrohenden Kraft, die stets das Gute will und stets das Böse schafft.

Gesellschaft ohne Technik und Zivilisation ist nicht möglich, Technik im weitesten Sinne genommen. Jeder Verkehr zwischen Menschen, welcher des Werkzeugs, des künstlichen Mittels bedarf, hebt sich aus der Gemeinschaftssphäre heraus und wirkt gesellschaftlich. Er wirkt so freilich noch nicht durch dieses äußere Merkmal, sondern erst in dem geistigen Moment, da die Künstlichkeit als solche Wertschätzung genießt. Auch die Gemeinschaft kann ohne Hilfsmittel künstlicher Art nicht existieren, der Mensch als geistiges Wesen ist darauf angelegt, aber sie wird diese Künstlichkeit einzuschränken suchen, weil sie darin die Gefahr einer verdeckenden, entseelenden Zwischenschicht wittert. Darum bleibt eine vorherrschend gemeinschaftlich sich empfindende Sozialordnung beispielsweise auf der Stufe der Werkzeugtechnik, da das Handwerk die größtmögliche Persönlichkeitsnähe und Beseelungsfähigkeit besitzt. Was hier der Tendenz nach zur Aufhebung der Künstlichkeit und Lebensfremdheit, des Unpersönlichen im ausgesprochenen Sinn, führt, macht den Reiz und das wahre innere Wesen, das Ethos der Gemeinschaft aus. Die gesellschaftliche

Lebensordnung sucht dagegen ihre Beziehungen unpersönlich zu gestalten. Sie pflegt alles, was aus der Intimität zur Distanz, aus der Rückhaltlosigkeit zur Verhaltenheit, aus der individuellen Konkretheit zur allgemeinen Abstraktheit führt. Die Gemeinschaft duldet diese Lebensformen nur als Handgriffe, als Hilfsmittel, als Wege zu lebensnotwendigen Zielen und vermag sonst in ihnen nichts Positives zu sehen. Ja, ihre Feindschaft gegen das Unlebendige, Trennende, Künstliche wird immer den Wunsch wachhalten, es zu vernichten und zur Natur zurückzukehren. Zum Grundcharakter des Gesellschaftsethos gehört hingegen die Sehnsucht nach den Masken, hinter denen die Unmittelbarkeit verschwindet. Die Gesellschaft gibt den bloßen Handgriffen und Hilfsmitteln notdürftigen Lebens über ihre Zweckmäßigkeit hinaus einen neuen Sinn und den Antrieb, aus diesem Sinn heraus zu gestalten, die Stärke, das Widernatürliche zu ertragen.

Derart eine Mitte geistig-sittlicher Art zu finden, aus der heraus gleichmäßig die Grundmomente gesellschaftlichen Lebens, nicht eines bestimmten Zeitstils, sondern gewissermaßen die Grundmomente aller Gesellschaftlichkeit als Sicherungsfaktoren menschlicher Würde verständlich und notwendig erscheinen, ist das Problem einer Sozialphilosophie, die nicht untätig an der entsetzlichen Diskrepanz zwischen der wirklichen Tendenz der Dinge und der Tendenz der Geister vorbeisehen will. Es geht nicht gegen das Recht der Lebensgemeinschaft, ihren Adel und ihre Schönheit. Aber es geht gegen ihre Proklamation als ausschließlich menschenwürdige Form des Zusammenlebens; nicht gegen die communio, wohl aber gegen die communio als Prinzip, gegen den Kommunismus als Lebensgesinnung, gegen den Radikalismus der Gemeinschaft.

Blut und Sache: Möglichkeiten der Gemeinschaft

In der ganzen Welt beobachtet man eine geistig-politische Rückläufigkeit des Bürgertums. Die mittleren Schichten wissen sich gegen ihre ökonomische Bedrohung durch die organisierte Wirtschaftsmacht allenfalls ökonomisch, aber nicht mehr ideell zur Wehr zu setzen. Sie nehmen nicht nur die Methoden genossenschaftlichen Zusammenschlusses, sondern sogar seine Ideologie an und arbeiten dadurch an ihrer Selbstvernichtung. Zwischen Herrenmoral und Gemeinschaftsmoral scheint es ein Drittes, vielleicht Versöhnendes und Weiterführendes, nicht zu geben. Wo der Bürger über den Durchschnitt wächst, beginnt er die eigene Position zu verspotten. Freilich hat alles Mittlere seine Lächerlichkeit, und der vor Not einigermaßen Geschützte, der Satte, Behäbige wird als Typus des stockenden Lebens stets die Mißachtung verdienen, die ihm ein für das Große und Extreme noch nicht unempfindlich gewordener Sinn entgegenbringt. Dabei verfällt aber die Sache, die Arbeitswelt des Bürgers, die den Proletarier erzeugt hat und die individualistisch-patriarchalische Lebensverfassung früherer Zeiten immer weiter verdrängt, der gleichen Animosität und Ablehnung. Eine gewaltige Opposition gegen alles, was moderne Gesellschaft bedeutet: Stadt, Maschinentum, Industrialismus des ganzen Geistes, eint heute die einander Widerstrebenden vom feudalen Gutsbesitzer bis zum Fabrikarbeiter. Und wer soll gegen diese steigende Flut der Zivilisationsmüdigkeit ankämpfen, wenn die geistige Jugend selbst zur Opposition gehört?

Hier liegt, in dieser Disparatheit von faktischer Tendenz und ideeller Richtung des Zeitalters, ein geistiger Hauptgrund für den Niedergang der politischen Haltung, wenigstens in Deutschland. Der geschichtliche Sinn der modernen Gesellschaft, die Missionsidee der abendländischen Welt: vor keinem äußeren Hindernis zurückschreckende, durch nichts aufzuhaltende Ausdehnung technisch-wissenschaftlicher, auf Dienstbarmachung der Naturkräfte gegründeter Zivilisation beginnt in Widerspruch zum Kulturbewußtsein des Abendländers zu geraten. Bedeutende Köpfe, wertvolle Jugend meutern gegen die Konsequenzen der abendländischen Idee, weil sie ihren sozialethischen Prämissen die Anerkennung verweigern.

Die eigentlichen Beweggründe sind in der vorhergehenden Betrachtung auseinandergesetzt. Eine heroische Lebensauffassung, welche gegen die bürgerliche Welt der Abstraktionen und stellvertretenden Mittel, gegen den Verlust der Unmittelbarkeit, gegen die blutleere Mechanisiertheit sein muß, setzt sich nur im Zeichen der Gemeinschaft durch. Marschiert heute die Diktatur, in Rußland den Privatbesitz enteignend, in Italien und Spanien ihn schützend, so wagt sie es doch nur aus dem Gemeinschaftsethos heraus, das ihr, ob bolschewistisch oder faschistisch, als Unterstützung ihrer Macht immer willkommen ist.

Denn wie im Heroischen Herrenmoral und Gemeinschaftsmoral innerlich verbunden sind – die Jugendbewegungsideale beweisen es –, so führen auch von ihren soziologischen Untergründen her Verbindungen von einem zum andern Ethos. Echtes Herrentum schafft Gemeinschaft, gedeiht nur in ihr, denn echte Gemeinschaft braucht den Herrn und Meister, ohne den sie zerfallen müßte. Wo immer das Leben sich gemeinschaftlich gestaltet, in der Familie, im hauswirtschaftlichen Verband von Herrschaft und Gesinde, dem Gutshof patriarchalischen Stils, oder im Bund, der unter geistiger Idee steht, in der religiösen Gemeinde, bringt es ein emotional getragenes Führertum hervor. Hingabe heischend bildet der Herr und Meister den lebendigen Knüpfungspunkt aller unmittelbaren Beziehungen zwischen den Gemeinschaftsgliedern, die persönliche, vorbildhafte Gestalt, um welche der Kreis sich schließt. Gemeinschaft ohne Mitte, Herrschaft ohne Dienschaft ist nicht denkbar. Den Starken schützt sein Gefolge, es lebt für ihn und aus ihm. Soziologisch immer wieder verschieden anzusehen bleibt diese Korrelation in allen Typen von Lebensgemeinschaft und Glaubensgemeinschaft grundsätzlich erhalten. Ob sie auch Entgegengesetztes im Auge haben, konsequent durchgedacht, ergeben Aristokratismus und Kommunismus eine Harmonie in der Lebensgesinnung, nur daß jede Idee eine Seite der Lebensgemeinschaft sozusagen isoliert und verabsolutiert. Der Gegensatz in der Wirtschaftstheorie, der hauptsächlich auch ein Spiegel der gegensätzlichen sozialen Interessenlage ihrer Verfechter ist, darf nicht darüber hinwegtäuschen.

Was den Kampf für die Idee einer gesellschaftlichen Lebensordnung, und das heißt für das Verständnis der Notwendigkeit von Technik, Politik, Diplomatie, der Heilsamkeit des Unpersönlichen um des Persönlichen willen, schwer macht, ist nicht so sehr die fast vollkommene Isoliertheit für den, der den Kampf aufnimmt, als diese Unklarheit im gegnerischen Lager. Der Individualist verneint den Kommunisten, der Marxist den heroischen Ekstatiker, die Jugend das Alter. Seine Gesellschaftsfeindschaft spricht jeder von ihnen anders aus und orientiert sie nach anderen Zielen.

Demgegenüber ist festzuhalten: Gemeinschaft bedeutet ihren Verfechtern den Inbegriff lebendiger, unmittelbarer, vom Sein und Wollen der Personen her gerechtfertigter Beziehungen zwischen Menschen. Echtheit und Rückhaltlosigkeit sind ihre wesentlichen Merkmale, Gebundenheit aus gemeinsamer Quelle des *Blutes* zunächst ihre einheitstiftende Idee.

Ohne blutsmäßige Verbundenheit der Glieder, und darunter ist sowohl biologische Verwandtschaft als auch geheimnisvollere Gleichgestimmtheit der Seelen zu verstehen, lebt keine Gemeinschaft, so daß da, wo nicht ursprünglich-natürliche Gemeinsamkeit der Abkunft besteht, sie wenigstens in der Bereitschaft der Glieder liegt, für einander und das Ganze zu opfern, oder die spirituelle Bindung überdies aus vergossenem Blute erwächst wie etwa das Christentum aus dem Opfertode des Herrn. Zu je größerer Freiheit der einzelne aus dumpfer Naturgebundenheit der Familie, des Stammes aufsteigt, desto verantwortlicher wird er für die Gemeinschaft. Eine Stufenleiter von unbewußt organischer Einheitlichkeit bis zur bewußt und individuell in jedem Teil bloß noch vertretenen Einheit der Solidarität dient zur Wertskala der Gemeinschaftstypen. Aber auch die geistigste Gemeinschaft, wie sie der Typus der solidarischen Lebensordnung mit virtueller Existenz des Ganzen (d. h. im Denken und Handeln aller einzelnen) darstellt, braucht, um Gemeinschaft zu sein, die einheitliche Durchblutung der Individuen. Kommt sie nicht aus der Geburt, so muß der einzelne in die Gemeinschaft nach bestimmtem Zeremoniell aufgenommen sein. Es soll dadurch die Person sozusagen mit Haut und Haaren, existentiell, nicht nur auf Treu und Glauben, in die Bindung eines überpersönlichen Lebens übergehen.

An Verzicht auf letzte Reserve ist hier der Bestand des Lebensganzen geknüpft. Mit ihm gibt sich die einzelne, verschlossene Person auf, um ihre Selbständigkeit aus einer übergeordneten Seinsquelle, dem Zusammenhang aller Glieder, dem in ihrem Haupt gestalthaft gegenwärtigen Stiftungsgedanken, neu zu empfangen. Alle zeremoniösen Veranstaltungen der Einweihung und Aufnahme, alle Zeichen der Zugehörigkeit zu einer Gemeinschaft bedeuten letztlich die Aufhebung der Intimsphäre der Person, wenn nicht affektiv wie im Verband biologischer Blutsverwandtschaft, so doch geistig, ideell und symbolisch.

Es versteht sich also von selbst, daß Gemeinschaft darum Affektwerte höchsten Grades einschließt. Aus ihr spricht, ob Lebens- oder Glaubensgemeinschaft, die Gewalt unmittelbarer Lebendigkeit letzter Entschleierung. Nicht die Teilnahme an einem den anderen Menschen vorenthaltenen Geheimnis, sondern das Bewußtsein, keine Geheimnisse voreinander haben zu müssen, ergibt die emotionale Bindung aller. Schon die zeremoniös bekräftigte Exklusivität, noch ohne Rücksicht auf besonderen Inhalt des Bundes, schafft aus dem gewöhnlichen ein besonderes Lebensgefühl.

Empfängt die Gemeinschaft aus dem Blut ihre Legitimation, aus realer Verwandtschaft, aus ideeller Bereitschaft, für sie zu opfern, aus übernatürlicher Einheit mit vergossenem Blut, so ruht sie, sehr zum Unterschied von Lebensordnungen anderer Art, materiell in der *Liebe* ihrer Träger. Plato hat diese Einsicht zuerst bewußt formuliert. Seine Staatsutopie, ein Urbild gemeinschaftlicher Lebensordnung, gründet in der Philosophie als dem Lebenselement der zur politischen Führung Berufenen. Philosophie aber, nach ihm, ist der menschliche Ausschnitt und Aspekt der in allen Dingen drängenden Bewegung zu ihrer eigenen inneren Wesenhaftigkeit, der Liebe. Dieser Drang, könnte man weiter sagen, bringt die

Spannung, in der ein die Liebe individuell aktualisierender Funke überspringt: wenn der Person das erhöhende Gegenbild erscheint, das ihr zur Wesenhaftigkeit weiterhilft. Liebe bedarf nicht der Gegenliebe, um den Menschen auszufüllen, es gäbe sonst keine unglückliche Liebe, und niemand liebt wahrhafter als der unglücklich Liebende, aber sie bedarf eines Gegenpols, eines Gegenbildes, in dem der Mensch bis auf den Grund Gottes schaut. Wo dieses Gegenverhältnis nicht sein kann, da gibt es auch keine Liebesmöglichkeit, sondern höchstens Liebesgesinnung.

Liebe und Liebesgesinnung werden oft miteinander identifiziert, die Leute schmeicheln sich damit, und doch weiß jeder genau, daß hier zweierlei vorliegt. Lieben kann man nur Individuelles, das in konkreter Gestalt dasteht, und erst durch das Individuelle hindurch das Allgemeine. Was ist es, wenn ich mein Volk, mein Land, die Menschheit, die Welt liebe? Eine liebende Gesinnung, die darum nicht kühler zu sein braucht als wahre erotische Bewegtheit. Den gewöhnlichen Menschen, wenn er überhaupt bei Vaterlandsliebe, Menschenliebe, Nächstenliebe etwas Echtes empfindet, nicht nur Traditionelles dabei im Kopf hat, erfüllt innige Zuwendung, nicht volle, bindende, steigernde Liebe. Erst die große Emotion in Zeiten politischer Hochspannung oder bei Katastrophen, die eben das Allgemeine uns durch ungewöhnliche Konstellation einzelner Erscheinungen plötzlich sichtbar machen, treibt den spannungslösenden Funken echter Liebe hervor. Derartig fühlbare Nähe des Ganzen im einzelnen Volksgenossen haben die Deutschen in den ersten Augusttagen 1914 erfahren. Je größer der Abstand zwischen den Trägern der geforderten Liebesbeziehung ist, je ungreifbarer der Gegenstand wird, desto schwerer kommt es zu wirklicher Liebe und damit zu wirklicher Gemeinschaft.

Wir sind sehr freigebig mit den Worten: Bruder, Schwester, Volksgenossen, Volksgemeinschaft, Menschengemeinschaft immer gewesen, denn es schmeichelt der Liebesfähigkeit des einzelnen, es täuscht Genialität des Herzens vor. Auch hier wird das Große, die Ausnahme auf Alltagsniveau gedrückt. Aber es ist einfache Verlogenheit, auch wenn sie aus gutem Willen kommen mag, über das wesensmäßige Unvermögen des Menschen hinwegzusehen und etwas zum Dauerzustand zu machen oder wenigstens zur Dauerbereitschaft, was nur der Ausnahme und dem begnadeten Augenblick vorbehalten ist. Vielleicht kommt die Liebe zu den überpersönlichen Realitäten Volk, Land, Menschheit im Lauf des Lebens einmal über jeden, aber legitimiert ihn diese Möglichkeit schon, die ganz wesentliche Mithilfe einer niemals herbeizwingbaren Begnadung beiseite zu setzen und von Liebe zu sprechen, wo bestenfalls Liebesgesinnung dem normalen Seelenzustand entspricht? Man wendet natürlich ein, daß durchschnittlich auch zwischen den einzelnen Personen von echter Liebe nicht gesprochen werden darf, die im Wesen sexuelle Anziehung bleibt. Das ist richtig. Aber immer da, wo diese physische Harmonie, die stets auch im Psychischen eine gewisse Bindung erzeugt, vorhanden ist, schafft sie Disposition zur echten, geistig-seelischen Liebe. Ein derartig disponierendes Fundament fehlt dem Verhältnis von Person zur Überperson, ihm fehlt weiter die Möglichkeit der Erwiderung der Liebesintention durch sie, und deshalb bleibt es ganz und gar der Begnadung überlassen, hier echte Liebe zu erzeugen.

Liebe kann sich, wofern sie nur von Konkretem getragen wird, in Individuellem fundiert, durchaus auf Irreales und Abstraktes richten. Aber die Umsetzung von dem Übergreifenden in alles einzelne, in dem es verankert ist, vermag echte Liebe nicht zu vollziehen. Man ist versucht, von einer Analogie zu der Trennung in volonté générale und volonté de tous zu sprechen. Zu einem Ganzen wird die Liebesintention immer gehen können, zu allen Elementen dieses Ganzen dagegen niemals. Da jedoch die Liebesintention zu einem Ganzen wie Volk, Vaterland, Menschheit solche Einlösung in Liebe zu jedem einzelnen gleichsam mitfordert, wenigstens vor solcher Einlösung nicht zurückscheuen darf, wenn sie gefordert würde, läuft jede Ideologie, die sie zum Leitstern macht, Gefahr, in Schwärmerei zu enden.

Eine Grenze der Gemeinschaft wird deutlich: Die Chance ihrer Verwirklichung nimmt mit der Wahrscheinlichkeit der Liebe, d. h. mit wachsender Distanz zu individueller Wirklichkeit ab. Das bloße Zugehörigkeitsgefühl zu einem Glauben, einer Sache, einer Lebensart wird freilich von diesem Gesetz nicht betroffen; ein Gegensatz genügt, um es lebendig zu halten. Aber im Zugehörigkeitsgefühl ist Gemeinschaft noch nicht beschlossen, es bedarf echter Liebe zwischen ihren Gliedern, um sie in Wirklichkeit aufzubauen. Darum schließen sich echte Gemeinschaften stets um eine verehrte Person, in der alle Liebesstrahlen am leichtesten vereint und abstoßende Kräfte zwischen den Gliedern ausgeglichen werden. Herausgehoben durch blutsmäßige, geistige, charismatische Qualitäten wird die Person des Vaters, der Mutter, des Lehrers und Stifters, des Führers und Helden, des Propheten, des Herrn mit einem Wort, Gegenstand aller emotionalen Beziehungen der Anhänglichkeit und Hingabe. Treue, Opferbereitschaft, tätige Hilfe durchpulsen die Gemeinschaft, bestimmen ihre Satzung und den Geist, in dem alle wetteifern sie durchzuführen. Ohne diese gestalthafte Mitte hält sich keine Gemeinschaft. Tritt, wie es nicht anders sein kann, schließlich einmal an ihre Stelle die Tradition, vielleicht getragen von der in einem Stellvertreter immer gleich gegenwärtigen Kraft wie in den großen Religionen, so kann der gesellschaftlichen Lebensordnung (der Kirchen etwa), die sich unweigerlich aus der alten Gemeinschaft entwickelt, wenigstens der Sinn, eine Gemeinschaft zu symbolisieren, erhalten bleiben. Immer ist Gemeinschaft kreishaft gegen ein unbestimmtes Milieu abgeschlossene Sphäre der Vertrautheit. Ihr wesensnotwendiger Gegenspieler, Hintergrund, von dem sie sich abhebt, ist die Öffentlichkeit, der Inbegriff von Leuten und Dingen, die nicht mehr »dazugehören«, mit denen aber gerechnet werden muß. Ob von einem bewußten Exklusivitätswillen oder nur von der Unmöglichkeit, alle Menschen auf natürliche Weise aus einer Liebesmitte zu speisen, geschaffen, macht in dieser Beziehung keinen Unterschied.

Fehlt einem sozialen Gebilde die gestalthafte Mitte von vornherein, so ist kaum anzunehmen, daß es je, außer in ekstatischen Momenten, eine Gemeinschaft gewesen ist. Was man allzu freigebig als Gesinnungsgemeinschaft, Arbeitsgemeinschaft, Willensgemeinschaft bezeichnet, Einheiten zwischen Werk und Publikum, zwischen Werkmeistern unter sich und dem Publikum unter sich, verdient in Strenge diesen Namen nicht, sondern enthält in der

Flüchtigkeit seiner Existenz, seines Auftretens und Verschwindens nur Hindeutung auf echte Gemeinschaft und die Seltenheit ihres Vorkommens.

Über dieses Grundgesetz aller Gemeinschaft, aus dem die Weisheit der Kirche und des Staates sich herleitet, setzen sich die beiden Formen des kommunistischen Ethos, die national-völkische und die internationale hinweg. Entweder führt die Betonung der Volkheit zu bewußtem Nationalismus und zum Krieg als letzter Auseinandersetzungsmöglichkeit: Das göttliche Licht erscheint nur gebrochen in den einzelnen Farben der Völker. So begründet Fichte-Treitschkescher Geist den Nationalstaat und versöhnt doch zugleich mit seiner scheinbaren Unchristlichkeit, da er die Differenzen in der Ursprungseinheit des göttlichen Vaters verwurzelt. Oder wir haben einen antinationalen, unvölkischen, im letzten Sinne blutsfeindlichen Kommunismus, der – und sei es mit militärischer Gewalt – das pazifistische Ideal verwirklichen will. Beide aber lassen sich von der Wahrheit des Grundgesetzes aller Gemeinschaft nicht überzeugen.

Für den nationalistischen Kommunismus fallen die Grenzen der Liebesmöglichkeit und Gemeinschaftsbildung mit den Schranken des Volkstums zusammen, der Mensch kann eigentlich gar nicht in Versuchung kommen, seine Liebe auf einen weiteren Umkreis zu richten, und darum auch nicht in die Widersprüche überspannter Liebesintention verwickelt werden. Andererseits ist das Volk ihm immer schon Volksgemeinschaft, weil sie durch Einheit der Abstammung, Tradition und Seelenverfassung an und für sich garantiert ist, und es kann sich nur darum handeln, diese Gemeinschaft, wo sie in gesellschaftlichen Konventionen zu erstarren droht, zu neuem Leben zu erwecken. Für den internationalistischen Menschheitskommunismus aber begründet die Gotteskindschaft den Anspruch auf übervolkliche Weltverbrüderung und gewaltlose Einigung aller. Eine Grenze der Gemeinschaft läuft nach seiner These nicht da, wo echte Liebesmöglichkeit praktisch aufhört, sondern ein Minimum an irrationaler Verkettung, die blutsmäßige Einung aller Menschen durch das Moment ihrer Menschlichkeit, genügt ihm als Fundament, auf dem wenigstens eine Gemeinschaft der Ideen, des Rechtes und der Überzeugungen zu errichten ist. Hiermit beruft sich diese Form des kommunistischen Ethos auf eine andere Möglichkeit der Gemeinschaft, auf die *Gemeinschaft der Sache* durch Teilhaberschaft an ein und demselben Wert. Gegen die erste Gemeinschaftsmöglichkeit darf sie zwar nicht sagen, daß sie zu naturalistisch, zu biologisch gefaßt sei, denn Blut wird ja ausdrücklich in einem viel weiteren Sinne verstanden. Aber sie darf einwenden, daß sie ganz und gar irrational gedacht und einseitig auf Qualitäten der Emotion aufgebaut sei.

Diese Spielform des Kommunismus ist entschlossen rational und intellektuell. Ihr geistiges Rüstzeug stammt aus dem achtzehnten Jahrhundert, aus der Aufklärung. Sie operiert mit der abstrakten Allgemeinheit, nicht wie die irrationalistische Form mit der romantischen Idee konkreter Allgemeinheit. In der Einheit aus allen und über allen Verschiedenheiten, dem Menschsein, der allgemeinen Menschennatur, der Seinsgrundlage der Humanität, liegt für sie das natürliche Recht der Völker und Individuen, ihre Schranken zu vergessen, die natürliche Pflicht, sie zu durchstoßen. Hier ist der Fluchtpunkt ethischer Normierung all unseres Handelns von Person zu Person, von Staat zu Staat. Von hier aus ist nur die Gewalt sittlich haltbar, welche gegen die Verewigung der Gewalt gerichtet ist. Krieg dem Kriege in jeder Form. Denn die einheitliche Menschennatur verbürgt nach ihrer Meinung in allen Streitfällen gewaltlose Einigung durch das Mittel der *Überzeugung*. So liegt im Medium der Vernunft und des Verstandes, in dem schließlich alle Überzeugungen gesucht und gefunden werden müssen, das verbindende Element der Menschheit.

Dabei braucht man nicht einmal so altmodisch zu sein und an eine allgemeine, in allen Völkern identische Menschenvernunft zu glauben. Aus den Ergebnissen der modernen Völkerpsychologie und vergleichenden Kulturwissenschaft ergibt sich unwidersprechlich eine tief bis in die Apperzeptionsformen des ganzen Geistes hinabreichende Verschiedenheit zwischen Rassen und Völkern. Die Sprachendifferenzen sind nicht nur dialektische Modulationen eines Grundgehalts, sondern Ebenbilder verschiedener Denk-, Willens-, Gefühlsdialekte, in denen ein nach Gestaltung Drängendes primär und nicht erst sekundär Gestalt und Dasein gewinnt. Immerhin wird von diesem Pluralismus der Vernunftsysteme die Einheit der Geistigkeit und Vernünftigkeit nicht berührt. Mit Negern, Eskimos, Franzosen argumentiert man nicht auf gleiche Weise; dies zu glauben war vielleicht der Fehler spezifischer Aufklärerei. Aber man argumentiert doch überhaupt. In irgendeiner Weise sind Menschen zu überzeugen, wie sie zu überreden und zu täuschen sind.

Überzeugungen vollziehen sich im Lichte des Bewußtseins, sie lassen sich alle irgendwie formulieren oder wenigstens zu einem Äquivalent davon steigern, sie ruhen auf Gründen. Insoweit hat die Vernunft und das Denken als formales Minimum jeder Begründung an einer echten Überzeugung teil. Die Gründe sind natürlich unabhängig von den Wegen, auf denen man zu ihnen gelangt, sie sind die Ideen, Normen, Werte, an denen alles gemessen werden soll. Sie verlangen, der Mensch gehorcht. Der rationalistische Kommunismus hat also nicht so unrecht, auf die Einheit der Werte in einem geistigen Kosmos, zu dem die partikularen Geisteswelten der Völker und Rassen, auch ohne daß sie davon wissen und sogar gegen ihren Willen, übergegensätzlich zusammengeordnet sind, als die gegebene Brücke von Volk zu Volk hinzuweisen. Wenn sich einzelne Menschen einigen, und wir erleben das täglich in der Wissenschaft, im Rechtsleben, ja selbst im Kunstgenuß, wenn die ganze Fülle der Werte unseres Denkens, Fühlens, Wollens bindend in Aktion tritt, echte Wirkung vom einen zum andern über das überpersönliche Sachzentrum des Wertgehalts möglich ist, dann gibt es echte Gemeinschaft und sie ist grenzenlos ausdehnungsfähig, wie der Geist, wie die Möglichkeit, in irgendeinem Sinne zu überzeugen, grenzenlos ist.

Neben und über die (biotische oder psychische, auf jeden Fall außerrationale) Blutsgemeinschaft tritt demnach die Sachgemeinschaft. Alle Beziehungen, die in jener primär unbegründbar, affektiv, individuell ganz und gar auf Leben basieren und in persönlicher Mitte verschmolzen sind, zeigen hier einen ausgesprochen entgegengesetzten Charakter. Die Personmitte ist durch unpersönliche Sachmitte ersetzt. Zu ihr gehen vielleicht noch die Strahlen geistiger Liebe, doch nicht mehr aus dem individuellen Wesenskern jeder Person, sondern aus jenem Teil ihres Wesens, den sie gerade mit allen Personen gemein hat, aus der Vernunft. Nicht warme, dichte Atmosphäre, sondern kalte, dünne Luft weht hier, der Hauch des Geistes. Ruhige Zugewandtheit zu den über allem Streit der Dinge geltenden Urbildern ist die adäquate Haltung in solcher Gemeinschaft, die nicht am Leben des Führers hängt, mit ihm dahinschwindend, sondern dauert, freilich immer wieder durch Arbeit der Zuwendung zu den Urbildern und Richtlinien aller Menschlichkeit erneut werden muß.

Die hervorstechenden Eigenschaften dieses Gemeinschaftstypus, den der rationalistische Kommunismus für den einzigen, wenigstens einzig menschenwürdigen, weil geistigen proklamiert, sind 1. Unpersönlichkeit seines menschlichen Fundamentes, denn der Mensch bildet die Gemeinschaft nur mit seinem Anteil an überindividuellem Geist, nicht mit seinem persönlichen Seinskern, 2. unendliche Ausdehnungsfähigkeit, weil einzig an den Formalismus der Überzeugbarkeit gebunden, und 3. Arbeitscharakter, denn die Gemeinschaft ist um der Lösung von Schwierigkeiten willen da, ja sie lebt eigentlich nur in ihr. Als Leistungsgemeinschaft mit absoluter Gleichberechtigung aller, die gleichmäßig in der Einheit des Geistes fundiert sind, bildet sie den Gegensatz zum Typus der Existenzgemeinschaft mit ausgesprochener persönlicher Mitte.

Entspricht diese den vom Tag heute verdrängten Bedürfnissen der menschlichen Natur, so jene den Triebkräften des Tages selbst. Könnte es eine bessere Propaganda für den rationalistischen Gemeinschaftsgedanken geben, als das Aufkommen eines durch gleiche Nöte nivellierten und uniformierten, von unpersönlichen Maschinen und Maschinengedanken in Dienst genommenen Industrieproletariats? Einer vom Boden aller Länder gleich entfernten, auf dem Asphalt, der alle gleichmacht, wurzellos und darum volklich fast indifferent gewordenen Schicht? Gibt es bessere Waffen für diesen Gemeinschaftsgedanken als die von Europa ausstrahlende experimentelle, statistische, quellenkritisch arbeitende Wissenschaft, aus der die Maschinen und damit die Bedürfnisse kommen, die ihrerseits, kraft der Wucht und Logik ihres Daseins, die Wissenschaften wieder weiter treiben? Der Zusammenhang zwischen Sozialismus-Kommunismus und Wissenschaft ist nicht nur ein historischer, sondern ein wesensgesetzlicher. Internationalismus der industriellen Wirtschaftsweise und der ihr zeitgemäßen Wissenschaftsweise haben nicht nur denselben Motor gleicher Zwecke, sondern auch gleicher Bewertung des Lebens, gleicher seelischer Haltung zu ihm. Schließlich ist es kein Einwand gegen die Hoffnungen, welche die Gesinnungskommunisten auf die Unbegrenztheit dieses Gemeinschaftstypus setzen, sie auf seinen spezifisch europäischen Charakter aufmerksam zu machen. Denn wir sehen, daß auch nichteuropäische, nichtchristliche Völker wie China, Japan beginnen, in diese Sachgemeinschaft abendländischer Zivilisation einzutreten. Ihre seelischen Vorbehalte tangieren nicht die tatsächliche Eingliederung in ihre Arbeitswelt. Aber man darf wohl fragen, was diese grenzenlose Ausdehnung in Wirklichkeit ausmacht und wie weit sie das tatsächliche Leben in sich aufnehmen und nach ihren Gesetzen formen kann.

Hier finden wir eine zweite negative Grenze, die nicht wie die erste, für den Typus der irrationalen Gemeinschaft wesentliche, nach *außen*, sondern nach *unten* abschließt, nicht von einer unbestimmten *Öffentlichkeit*, sondern von der individuellen *Lebenswirklichkeit* scheidet.

In wie geringem Maß läßt sich einer in seinem Tag von Überzeugungen bestimmen, wie verschwindend klein ist ihr Einfluß auf das Verhalten zwischen den Menschen. Das liegt nicht nur daran, daß der Geist willig, aber das Fleisch schwach ist, sondern an der Kürze des Lebens, am Tempo, mit dem es jeden von Entscheidung zu Entscheidung drängt. Dieser Augenblicklichkeit aller daseinswichtigen Lebensbewegung ist Argumentation und Diskussion, ist der ganze Modus der Begründung schlechthin inkommensurabel. Nicht als ob es unmöglich wäre, im Groben, in den Richtlinien, wohl auch einmal von Fall zu Fall eine in Prinzipien und in der Herleitung aus ihnen hieb- und stichfeste Entscheidung zu fällen, nicht als ob es tatsächlich nicht auch gefordert wäre, seine Entschlüsse überlegt und wertgerecht zu fassen. Aber auf dem unübersehbaren Schauplatz des täglichen Lebens diktieren die Gelegenheiten, es gilt zu wählen, wenn man es nicht vorzieht, ein Apparat seiner Gewohnheiten zu werden. Unser faktisches Verhalten unter die Lupe einer Diskussion genommen, und das müßte es sich nach dem Gedanken eines konsequent durchgeführten Kommunismus in der Sachgemeinschaft schließlich doch gefallen lassen, kann richtig, ebensogut aber falsch sein. Über jedes Thema gibt es Opposition von mindestens zwei Ansichten, wenn die Prinzipien nicht ursprünglich festliegen. Und wer kann und soll zur Annahme von Prinzipien zwingen?

Selbst einmal abgesehen von diesem rationalistischen Vorurteil einer unweigerlichen Fraglosigkeit der Prinzipien –, gibt es nicht eine Unmenge von Dingen, Situationen, Lappalien, denen eine Anrufung geistiger Gesetze, wenn es sie überhaupt dafür gäbe, ganz inkongruent sein müßte? Zu welcher Deformation der Lebenslinie, zu welchen Aufblähungen des Unwesentlichen führte derartige Beschwerung mit Überlegung, Begründung und Gewißheit? Ob ich den Schirm mitnehmen oder zu Hause lassen soll, ist niemals eine Angelegenheit, die gleichen Aufwand an Ernst lohnt wie er etwa der Frage zukommt, was ein Mensch für einen Beruf wählen soll. Die perspektivische Verkürzung, in der uns die Dinge dieser Welt nicht nur erscheinen, sondern in der wir mit ihnen fertig zu werden haben, duldet einfach nicht ein Verhalten, das einem Gott erlaubt ist, der aus der Vogelperspektive der Deduktion auf alles gleichmäßig herabsieht.

Wäre also der Geist, das Instrument und der Ort echter Überzeugung, die Macht, welche unwiderrufliches Ende einer Diskussion setzen könnte – er kann es nicht, denn er ist selbst eine Unendlichkeit und ein Grenzenloses, begrenzt sich selbst in einem vorgeistigen Akt, der ewig erneuerungsbedürftig zu ewig neuer Gestaltung führt –, er hätte nicht einmal das Recht, das tatsächliche Leben sich restlos zu unterwerfen. Ein Wesenszug aller Utopie, die möglichst weitgespannte Reglementierung des einzelnen durch den Gemeinschaftsgedanken, verrät das im Grunde intellektualistische Vorurteil, die Überschätzung des Geistes, einen an der echten μεσότης vorbeirasenden Rigorismus. Der Mensch steht nicht umsonst zwischen Himmel und Hölle, so hat er zu leben, dem Geist und dem Fleisch sein Recht werden zu lassen, die Labilität zu ehren, wo sie sich ihm bietet, als praktischer Okkasionalist aus Ehrfurcht vor der tiefen Zweideutigkeit in aller Existenz, nicht als kleiner Gelegenheitsmacher; die eine der beiden Welthälften hat ihn immer noch früh genug.

Das Leben ist kurz, schnell, beengt und für die Wurfbahn, in der es sich von Geburt an findet, sind wir nicht verantwortlich. Von Anfang an ist unserer Freiheit vom Schicksal ein höchst begrenzter Spielraum gelassen. Hier gilt es sich zu bewähren, was aber mit Argumenten nur zu einem sehr geringen Teil geschehen kann und geschehen darf. Von einer Mitte aus muß freilich alles geordnet sein, von der Wesensmitte der ganzen Person, nicht von einer Schicht ihrer Existenz, vom Herzen, wie der Volksmund das Quellzentrum nennt, und nicht vom Kopf. An der Überdehnung des Verantwortlichkeitsbewußtseins, die in Wahrheit die Überdehnung des Vernunftglaubens, des Glaubens an die soziale und politische Macht der Überzeugung verschuldet, ist schon viel in der Welt, was entwicklungsfähig war, zusammengebrochen. Denn das folgenschwerste menschliche Übel ist Maßlosigkeit.

In der Konfrontation der beiden Ideale des Gemeinschaftsethos zeigen sich die Wesensgrenzen, die jeder Panarchie der Gemeinschaft hindernd im Wege sind: *die Unaufhebbarkeit der Öffentlichkeit und die Unvergleichlichkeit von Leben und Geist.* Öffentlichkeit beginnt da, wo Liebe und blutsmäßige Verbundenheit aufhören. Sie ist der Inbegriff von Möglichkeitsbeziehungen zwischen einer unbestimmten Zahl und Art von Personen als ewig unausschreitbarer, offener Horizont, der eine Gemeinschaft umgibt. Sie ist gerade in dieser Negativität eine sozialformende Macht ersten Ranges. Vor ihr sucht man sich zu schützen, durch engen Abschluß, Exklusivität oder durch Einbeziehung ihrer Bezirke in die Sphäre gemeinschaftlicher Vertrautheit, durch Wirkung auf sie. Das Interesse an möglichster Minderung sozialen Risikos ist infolgedessen eine beständige Kraftquelle sozialer Gestaltung, die an die antithetische Spannung von Gemeinschaft und Gesellschaft oder genauer gesagt, von Vertrautheitssphäre und Nichtvertrautheitssphäre gebunden bleibt und nach zwei Seiten gemeinschaftsbildend und gesellschaftsbildend sich auswirkt. Gemeinschaft ohne diese Grenze ist keine Gemeinschaft mehr. Paradox gesagt: wäre auch nur einen Augenblick das urchristliche Ideal, der ekstatische Gefühlskommunismus allverbindender Liebe zwischen allen Menschen verwirklicht, so hätte die Menschheit den äußersten Gegenpol dessen erreicht, was sie wollte. Ohne Öffentlichkeitshintergrund, gegen den sie sich absetzt, gibt es keine abgeschlossene Gemeinschaft. Licht braucht Finsternis, um zu sein.

Wie das Lebendige in unvertretbaren Beziehungen sich zur Liebes- und Treuegemeinschaft organisiert, so kann der Geist die Gemeinschaft idealer Vertretbarkeit aller Glieder durch restlose Funktionalisierung ihrer Beziehungen bilden. Der substantiellen tritt damit die funktionalistisch-abstrakte, der persönlichen die unpersönlich-sachliche gegenüber. Aber auch auf seiner Basis läßt sich zu keiner Panarchie der Gemeinschaft kommen. Dort scheitert sie an der Irrationalität der Liebe, dem Gnadencharakter ungewollter Harmonie zwischen Menschen, hier an der Unvergleichlichkeit zwischen Geist und Leben. Am Fragmentcharakter des Daseins, an der undurchdringlichen Zweideutigkeit der Situationen scheitert der Geist, der immer organisch, systematisch und eindeutig ist.

Ethisch gesehen, ist mit dem Aufweis dieser negativen Hauptgrenzen aller Versuche, zu einer Panarchie der Gemeinschaft zu gelangen, auch nur ein Negatives geleistet. Denn weder muß das kommunistische Ethos gerade auf dieses Ideal, immerhin etwa das der kommunistischen Partei, zusteuern, noch braucht es sich durch Erinnerung an solche Wesengrenzen seinen heroischen Glauben an die Kraft der revolutionären Ekstase, an die umprägende Gewalt einer solchen Sinnesart brechen zu lassen. Immer noch kann es ein Ziel sein, die unförmige, unbelebte Gesellschaft in eine Fülle kleiner aber gemeinschaftlich geordneter Lebenseinheiten zu zerschlagen, und tatsächlich sehen wir diesen Gedanken häufig, und nicht zuletzt von konservativer Seite, vertreten. Er beherrscht alle Lobredner des Landlebens und patriarchalischer Verfassung und Gesittung, er steht nicht fern dem ständestaatlichen Programm. Deshalb ist es nötig, bis an die positiven Grenzen der Gemeinschaft weiterzugehen, bis zu dem Aufweis jener Werte durchzustoßen, die nur eine gesellschaftliche Lebensordnung bringen kann, bis dahin, wo Gemeinschaft unerträglich und würdelos wird.

Der Kampf ums wahre Gesicht. Das Risiko der Lächerlichkeit

Das Lächerliche entehrt mehr als Unehre
La Rochefoucauld

Gemeinschaft, nach dem Sinne des Blutes wie der Sache, wurzelt im schrankenlosen Vertrauen ihrer Glieder. Von demselben durchdrungen, zu wissen, daß man dazugehört kraft Geburt, Einweihung, Überzeugung, Wahlverwandtschaft, bedeutet Geborgenheit im Gemeinschaftskreis den Verzicht auf Behauptung des eigenen Selbst. Dieses Selbst, das dem Ganzen zum Opfer gebracht wird, bestimmt sich im Einklang zur Natur des Ganzen. Gemeinschaft des Blutes fordert Preisgabe letzter Intimität, weil das Ganze aus substantiellen Beziehungen von Person zu Person, um personhafte Mitte geschart, die jedem Gliede unvertretbare Stellung verleiht, in pulsierender Lebendigkeit sich aufbaut. Gemeinschaft der Sache schont die Intimität der Personen, die ohne Stellenwert, gänzlich vertretbar, in dem bloßen Hingeordnetsein auf die Sache zur funktionellen Einheit der Leistung zusammengeschlossen sind. Hier wie dort bezahlt der Mensch mit seiner individuellen Persönlichkeit, doch in verschiedenem Geist, den Eingang in die Gemeinschaft. Die Sache verlangt von ihm Gleichgültigkeit gegen seine einzigartige Lebensnatur, das Blut ihre letzte Entschleierung. Das große Opfer der individuellen Bewegungsfreiheit empfängt seine volle Tönung aus dem Ethos der absoluten Rückhaltlosigkeit, das der adäquate Ausdruck zugleich der Liebe und der Überzeugung ist. So gewiß es zweierlei ist, ob sich zwei Logenbrüder am gleichen Händedruck oder zwei Physiker an der gleichen Beherrschung der mathematischen Sprache erkennen, so gänzlich verschieden die Menschen jeweils zueinander stehen, in der Rückhaltlosigkeit des gegeneinander Geöffnetseins, wenn auch verschieden zentraler Schichten ihrer Menschlichkeit, gleichen sie sich. Man kann eine ganze Skala solcher Rückhaltlosigkeitsbeziehungen bilden, die von den Gemeinschaften der puren theoretischen Objektivität bis zu den Blutbünden der Geschlechter, von dem Gebiet der kältesten in das Gebiet der wärmsten Sprache reicht. Alle Instrumente der menschlichen Natur kommen darin zu ihrem Recht und geben ihre Akkorde in das kunstvolle Konzert der Kultur. Nur in philosophischer Abstraktion vermögen wir die Einzeltöne zu isolieren, in deren Klang Obertöne aller Grade und Stufen unserer seelisch-geistigen Existenz mitzittern.

Verlassen wir aber diese ideale Betrachtungsweise, die sich mehr an die Konturen, die scharfen Trennungen, die reinen Formen der Verhältnisse als an die verunklarenden Zwischenbeziehungen von Ding zu Ding hält, dann sieht sich die Gemeinschaft doch auch anders an. In Wirklichkeit ist ihre Forderung nie voll erfüllt. Ihren Idealtypus müssen wir von uns aus mit an die realen Gegebenheiten herantragen, mit seinem Geist die Institutionen der Familie, der Kirche und Gemeinde, des Bundes, der Werkgemeinschaft beseelen, wenn wir uns zu gemeinschaftlichem Leben gedrängt und aufgefordert finden. Mag hundertmal nach der Idee das Ineffabile individueller Eigenart vom Seinsgrund der Gemeinschaft und damit von allen ihr Angehörenden mit erfaßt sein, tatsächlich durchdringen die Menschen sich doch nie bis auf den Grund, der gar nicht festliegt, weil er ewige Potentialität ist. Als geistig-seelische Wesen haben sie das ungeheuere Bewußtsein, selbst von den Bahnen ihres individuellen Gesetzes abweichen zu können oder wenigstens des Rechtes, sich gegen seine Definition aufzulehnen. Soweit die Seele geformt ist, mag sie sich eine Beurteilung gefallen lassen; überzeugen kann sie davon doch erst die in der Rückschau erfaßbare Melodie durchlebten Schicksals. Denn sie ist mehr als diese geformte Wesenheit, sie ist der Urquell dazu, der Urgrund von Fähigkeiten, die Gestalt werden könnten, ohne Gestalt zu werden. Keine naturhafte, keine geistige, keine seelische Bindung einer Gemeinschaft ist darum so stark, daß ihr Bruch ganz aus dem Bereich der Möglichkeit rückt. Jedes Zusammenleben trägt den Keim des Aneinandervorbeilebens in sich, weil die Seelen mehr sind als was sie wirklich sind. Auf die Gnade völligen Einklangs der Wesen läßt sich Gemeinschaft nicht bauen. Kommt nicht redlicher Wille, Treue hinzu, folgt nicht dem primären Liebesakt, der an einer gewissen Wesenskonformität sich entzündet, die Liebe, die auch da verzeiht, wo sie nicht mehr versteht, so ist es um die Gemeinschaft von Menschen geschehen.

Liegt darin, wie man gemeinhin annimmt, eine Schwäche der menschlichen Natur, vielleicht zu großer Stolz der Individualität, Eitelkeit und Ehrsucht, Hochmut und Unnachgiebigkeit? Was treibt die Menschen in die Distanz voneinander? Was legt ihnen den Zwang auf, sich gegenseitig bildhaft zu werden, sich zu idealisieren selbst da (und vielleicht gerade da am meisten), wo sie sich nichts mehr zu verbergen haben? Man sagt oft, daran sei die Überempfindlichkeit, die aus Übersättigung an unzähligen Genüssen der Kultur und Zivilisation hochgezüchtete Reizbarkeit und Überreiztheit der Menschen schuld, das Nervenraffinement und die Überbetonung der individuellen Ansprüche an das Leben. Selbst wenn wir nicht leugnen, daß es alles dies gibt, ein ewiger Anstoß zu dem »Retournons à la nature«, so bestreiten wir doch, daß es die Ursache ist für den Zwang zur Distanz, für den Willen zur Macht, für Ehrgeiz und Ruhmbegierde. Vielmehr es ist die Wirkung, die letzte überdifferenzierte und darin lebensgefährdende Wirkung des individuellen Daseins, das der Mensch als Geistseele zu führen hat. Solange die Individualität noch nicht voll zu sich erwacht ist, wie in den primitiven Stadien des Lebens und der Kultur, fehlen freilich auch diese Wirkungen, und darum mag man die Primitivität glücklich preisen. Der Mensch aber, welcher in der Herausarbeitung individuell-seelischen Seins den Quell zu großen Werten spürt, muß das Schicksal der Individualisierung auf sich nehmen.

Die Gemeinschaftsapologeten lassen sich freilich auf solche Möglichkeiten nicht ein. Man polemisiert als Ethiker noch immer am besten, wenn man gegen das Fleisch zu Felde zieht. Nach ihrer Ansicht kommt der gemeinschaftsbedrohende Zwang zur Distanz aus der körperlichen Begrenztheit des Menschen. Der Körper drängt dem Menschen einen primitiven, auf Nahrung und Geschlechtsgenuß gerichteten Egoismus auf, macht aus ihm einen Willen zur Macht. Nur der Appell an die seelisch-geistigen Eigenschaften vermöchte angeblich diese Rabiatheit einzudämmen, die sich hemmungslos zentrifugal in dem Trieb nach Vernichtung der

Lebenskonkurrenten auswirkt, nur die Erweckung des Gewissens brächte eine soziale Haltung, eine Opferbereitschaft für das Ganze hervor. Die Folge dieser Meinung ist ein Asketismus aus Sozialfreundlichkeit, eine Lobpreisung der Armut und Schwäche, wie diese Ideale vom Urchristentum verfochten wurden und vom salutistischen Sozialismus und Kommunismus noch verfochten werden. Kulturfeindlich und gesellschaftsfeindlich wird dieses Katakombenchristentum in tausend Herzen wachgehalten, weil die Intellektuellen, besonders unter dem Einfluß alter philosophischer Lehren von dem Unwert des Leibes und der materiellen Dinge, von der Zweitklassigkeit und dem Scheincharakter der physischen Welt, von der Minderwertigkeit und Vergänglichkeit des Stoffes, der Seele und dem Geist allein das wahre Sein, die höchste Würde geben. Vergeistigung aber bedeutet dann Emanzipation vom Körper und seinen Individualitätsschranken, damit vom Eigennutz, Machtwillen, Distanzzwang, und bezeichnet als Ziel dieses Aufstiegs den Eingang in das überindividuelle Reich der Reinheit, den eigentlichen Ort aller Gemeinschaft.

Hat der ethische Sozialismus mit seiner Behauptung von der allein individualisierenden Bedeutung des Körpers recht? Sollte es, wenn einmal die an und für sich äußerst fragwürdige Lehre von der Minderwertigkeit des Leibes und der Materie hier außer Diskussion bleiben darf, nicht *noch andere* individualisierende Mächte im Menschen geben, die man nicht mehr als minderwertig bezeichnen kann, weil sie Träger alles Edlen und Zarten sind, das wir in dieser Welt haben? Der Körper vereinzelt das Lebewesen, das ihn zum Leibe hat. Aber er reißt es darum nicht ohne weiteres schon aus übergreifenden Lebenszusammenhängen, weil die Natur in seinen Instinkten und Trieben für gemeinschaftsdienliche Zweckmäßigkeit sorgt, die den egoistischen Instinkten und Trieben die Waage hält. Beschränkung in physischer Hinsicht schafft mit der Vereinzelung zugleich die Vorsorge sozialer Kompensation im Rahmen der normalen Umwelt; an dieser biologischen Einsicht ist nicht zu rütteln. Kampf ums Dasein *und* gegenseitige Hilfe liegen schon in der physiologischen Ausstattung der Lebewesen und so auch des Menschen. Was ihn wirklich erst individualisiert, von innen heraus unteilbar und einzigartig macht, ist das Bewußtsein vom Besitz einer Seele, das Leben im Zentrum einer empfindenden, wollenden, denkenden, der Umwelt und dem eigenen Leibe gegenüber eigenwilligen, an Tiefe und innerer Eigenschaftsfülle unvergleichlichen Innerlichkeit.

Alle Fehler in der Psychologie, ja, man konnte bis vor fünfzig Jahren fast sagen, der Mangel einer Psychologie, kommen aus der Gebundenheit an die Denk- und Anschauungsformen der dinglichen Welt. Man macht sich nicht von den Vorurteilen frei, die nur klar abgegrenzte Gegenstände und womöglich Atome als echte Wirklichkeiten gelten lassen. Man glaubt an eine Definitheit des psychischen Seins, weil das physische Sein sie besitzt und durch sie ganz eigentlich bestimmt ist. Kommen und Gehen, Entstehen und Verschwinden spielt sich in der Natur, nicht nur für den Mathematiker und Experimentator, sondern für die naive Anschauung schon auf dem Hintergrund einer bleibenden Ordnung von Gestalten ab. Wird etwas, so wird es aus Gewordenem, um Gewordenes zu werden. Die Natur ist allemal eindeutig und ihre Geheimnisse, schwer zu entziffern, liegen offen dem Auge da.

Anders die seelische Seinsfülle. Sie erschöpft sich nie im Gewordenen, sondern passiert dieses Stadium der Bestimmtheit und Erschöpftheit nur, um wieder ins Werden, in die lebendige Aktualität überzugehen. Aus einem unauslotbaren Quellgrund, dem Innern, steigen ihre schwer faßbaren Gestalten ins Licht des Bewußtseins, an dem sie wieder wie alle echten Geschöpfe der Nacht zergehen. Die Seele ist allemal zweideutig, ihre Geheimnisse weichen vor jedem Versuch der Enträtselung in andere Tiefen zurück. Jedes Seelische hat also eine Bestimmtheit, die Laune, der Schmerz, die Liebe, das echte Gefühl, die falsche Freude lassen sich fassen, aber erfaßt zerrinnen sie unter dem Griff der Wahrnehmung, wie wir erwachen, wenn wir träumen, daß wir träumen. Aus dem Urgrundcharakter, noch besser sagte man Ungrundcharakter der Psyche, aus ihrer Quellnatur folgt also, daß sie mehr ist als bloßer Strom oder Gerinnen der Strömung zu fester Gestaltung. Sie ist Werden und Sein in einem, weil sie zugleich die Genesis von beiden ist.

Darum erträgt die Seele, die seelenhafte Individualität, keine endgültige Beurteilung, sondern wehrt sich gegen jede Festlegung und Formulierung ihres individuellen Wesens. Darum aber fordert sie ebensosehr das Urteil heraus und bedarf des Gesehenwerdens vom eigenen wie vom fremden Bewußtsein, da ihr keine andere Möglichkeit der Erlösung aus der Zweideutigkeit gegeben ist. Der doppeldeutige Charakter des Psychischen drängt zur Fixierung hin und zugleich von der Fixierung fort. Wir wollen uns sehen und gesehen werden, wie wir sind, und wir wollen ebenso uns verhüllen und ungekannt bleiben, denn hinter jeder Bestimmtheit unseres Seins schlummern die unsagbaren Möglichkeiten des Andersseins. Aus dieser ontologischen Zweideutigkeit resultieren mit eherner Notwendigkeit die beiden Grundkräfte seelischen Lebens: der Drang nach Offenbarung, die Geltungsbedürftigkeit, und der Drang nach Verhaltung, die Schamhaftigkeit.

Solche Zweideutigkeit kennt die physische Welt von sich aus nicht. Die Dinge werden von der Erkenntnis nicht »berührt« und beharren in ihrem ein für allemal gesättigten Sein unabhängig vom Bewußtsein. Darf nun auch das psychische Leben nicht mit seinem Bemerktwerden, mit Bewußtseinsinhalt identifiziert werden, was viele Psychologen wollten, wenn es auch nicht, wie Bergson und Natorp etwa lehrten, eine gänzlich unfaßbare Aktualitäts- und Intensitätsmannigfaltigkeit ist, also Reales und bis zu einem gewissen Grade Geformtes und Anschaulich-Faßliches darstellt, so ist es für den Blick des Bemerktwerdens doch empfänglich und empfindlich wie die fotographische Platte für Licht. Weil eben die Seele nur in extremen Fällen quasi dinghafte Momente und Seiten (»Komplexe«) gewinnt, unter deren objektiver Macht die Person dann leidet, im Normalfall aber in einer eigenartigen aktuellen und zugleich gestalteten Vollzugsform eines ewigen Überganges von Strebung zu Strebung lebt; weil sie in dem Maße, als sie an Eindeutigkeit des Habitus der Gefühle, Willensrichtungen, Affekte, Gedanken und Gesinnungen gewinnt, an Fülle, Spannkraft und Tiefe verliert; weil seelisches Leben, kaum zu seelischem Sein abgesetzt und der Beurteilung klar und deutlich geworden, in den unendlichen Quellgrund seiner selbst wieder zurückgenommen wird, sucht es und flieht es zugleich Bewußtsein und Urteil. In der Definition gewinnt es Gestalt, büßt aber an Möglichkeit ein.

Unter nichts leidet die Seele so wie unter dem Unverstandensein, ihrem doch wesensmäßigen, von ihrer eigenen Natur selbst herausgeforderten Schicksal. Denn dieses Nichtverstehen ist kein einfaches Verfehlen einer Sache, ein Vorbeisehen am Wirklichen, sondern in gewissem Sinne beides zugleich: Verfehlen und Treffen. Ein treffendes Urteil trifft uns, verletzt uns ebensosehr als ein falsches. Getroffen, sehen wir uns, im eigenen oder im fremden Blick, vereinseitigt und festgelegt. Es kommt hier gar nicht darauf an, was man von uns sagt, als daß man von uns sagt. Ob Lob oder Tadel – im tiefsten muß sich die unendliche Seele aufbäumen gegen das verendlichende Bild im Bewußtsein eines Urteils. In der Gegenrichtung dazu liegt aber ebensowenig ihr Heil. Denn unter nichts leidet die Seele so wie unter dem Nichtbeachtetsein, dem ebenso von ihrer Natur herausgeforderten Schicksal. Seele ist in ihrer Innerlichkeit unergründlich, unabsehbar, ein geheimnisvoller Quellgrund an Möglichkeit, undurchsichtig, schillernd, zweideutig. Seele zieht sich zurück, um nicht gesehen und getroffen zu sein, und sehnt sich doch danach, gesehen und gewürdigt, d. h. aus eigener Zweideutigkeit zur bestimmten Form, zum festumrissenen Charakterbild gebracht zu werden.

Ihre wesenhafte Zweideutigkeit, das nicht voll bestimmte, geformte Dasein, dies zwischen Potentialität und Aktualität, Strom und Gestalt notwendig Schillernde des psychischen Lebens, auf das keine unserer an der Dingwelt geschulten Kategorien paßt, ist der beständig wirksame Anlaß zu dem Antagonismus der Kräfte, die zur Geltung und zur Verhüllung den Menschen treiben, und die Wurzel des Wesensgesetzes der Seele in der Beziehung auf ihre Erkenntnis: weder in den extremen Polen noch in einem mittleren Stadium Ruhe zu finden, d. h. ihre Definition zu ertragen. Kein Weg führt aus der Zweideutigkeit ihres Seins, weder die Flucht ins Urteil noch die Flucht vor dem Urteil. Mißdeutbarkeit ist ihr Schicksal. Brauchte die Seele nicht den prüfenden Blick des Bewußtseins, um sich in ihrem Sein und ihrer Formung wirklich zu vollenden – eine Vollendung, die ihrer Unendlichkeit und Flüssigkeit doch zugleich widerspricht, sie mit Verkümmerung und Erstarrung bedroht, so könnte sie durch Willensdisziplin jene Abhärtung erreichen, welche wir an primitiven wie auch kultivierten großen Seelen bewundern. Doch so sehr man gegen Überempfindlichkeit angehen muß, es bleibt ein Seelenrest zu tragen peinlich; nur der schönen Seele, die ein Werk anstrengungstranszendenter Begnadung ist, gelingt es, vor der Welt ohne Haß sich zu verschließen, ohne Leiden ihr geöffnet zu sein.

Was von der Beziehung des Seelischen auf sein Verstandenwerden zu sagen ist, einem seinsmäßig-erkenntnishaften Urverhältnis, gilt mit gleicher Notwendigkeit in praktischer und ästhetischer Rücksicht. Seele ist ein »Noli me tangere« für das Bewußtsein, das in die Tiefe des Unbewußten strebt, um die ganze Kraft des Menschen zu mobilisieren, in einheitliche Richtung zu bringen und in den Dienst seiner Ziele zu stellen. Nur eine rückhaltlose Ehrlichkeit vor sich selber lehrt uns die Hemmungen besiegen, an deren Widerständen das bewußte Leben zu scheitern droht. Denn diese Hemmungen kommen aus dem Eigenleben des unbewußten Seelischen, das aus Verdrängungen nach mannigfachsten Motiven entstanden und großgezüchtet, beständig unsere bewußte Bahn durchkreuzt, weil es eine andere Richtung wie sie besitzt. Führte die moderne Psychoanalyse vielleicht den Verdrängungsgedanken in mancher Hinsicht ins Extrem, wo er nicht mehr zu verifizieren ist, so hatte sie doch das Verdienst, an diesem seelisch wesenhaften Punkt seelische Phänomene zu verankern.

Bis zu einem gewissen Grade ist jeder Mensch Verdränger, weil ihm nach seiner praktischen Bestimmung als eines auf Aktion gestellten Wesens gar nichts anderes übrig bleibt als zu vergessen und auszuschalten. Die Konzentration auf den Tag, die selektive Behandlung unserer Umwelt nach Nützlichkeitsperspektiven verlangt Scheuklappen nach seitwärts und rückwärts. Um Bergsons Bild zu gebrauchen, wächst die Basis der Pyramide unserer geistig-seelischen Existenz mit dem Maß des Abstandes von ihrem Scheitelpunkt, in dem wir uns augenblicklich mit unserer ganzen Aufmerksamkeit befinden. Der ungeheuere Gedächtnisinhalt kann also gar nicht in die sich jäh auf den Entscheidungspunkt unseres augenblicksgebundenen Willenslebens hin verjüngende und verengende Bewußtseinssphäre mit hineingenommen werden, sondern wird wesensnotwendig abgeblendet wie die ganze nutzindifferente Weltfülle. Wollte der Mensch auch nur versuchen, sich dagegen zu wehren und die Bildung eines Unterbewußtseins zu verhindern, so müßte er sich augenblicklich zur absoluten Untätigkeit, zur völligen Kontemplation verdammen, welche einem realen Existieren in dieser Welt widerstreitet. Als aktive Wesen müssen wir den Abgrund unserer Vergangenheit wie unserer Zukunft, den Reichtum der Zeit und des Raumes zudecken und nur soviel davon übrig lassen als wir brauchen. Hierin liegt das Gesetz der Naivität beschlossen. Je mehr der Mensch von sich fortlebt, desto ursprünglicher weiß er sein Leben zu gestalten. Ungebrochen strömt die Energie in seine Taten ein und verleiht ihnen Frische und fortwirkende Kraft. Die Tatbereitschaft wächst mit der Unbewußtheit. Zugleich hat das Prinzip der Naivität aber seinen Gegenspieler an dem Sachverhalt, daß zu allen Handlungen Überlegung gehört. Ohne Reflexion ist die Tat blind. Wir haben vorauszuschauen, die möglichen Gefahren zu erwägen, die Widerstände zu beseitigen, wir müssen, kurz gesagt, reflektieren, bevor wir uns loslassen und unsere Ziele setzen. Der Aktionsradius, wie wir ihn von Natur mitbringen, wird durch die Vernunft erweitert. Die Sicherheit der Entscheidung in allen Dingen, die jenseits exakter Messung und Berechnung liegen, also in menschlichen Angelegenheiten, verlangt Vernunft nicht nur nach außen, sondern ebensosehr nach innen, fordert die Niederhaltung und womögliche Vernichtung des inneren Feindes. Rückhaltlosigkeit vor sich selbst wird praktisches Erfordernis, Disziplin, Technik in der Behandlung der eigenen Seele bildet eine wesentliche Grundlage unserer äußeren Erfolge.

So strebt der Mensch auch praktisch nach zwei Seiten, in die Unbewußtheit, Ursprünglichkeit, Naivität *und* in die Bewußtheit, in das Raffinement der Überlegung, der Selbstbeobachtung und Selbstbeherrschung. Ein neuer Antagonismus, eine neue Seite in der dialektischen Dynamik des Psychischen offenbart sich. Die Angst, mit der eigenen Tiefe konfrontiert zu werden und die

Wohltaten der Unwissenheit über sich selbst zu verscherzen, indem man das Unbewußte durchwühlt und ins Licht des Bewußtseins zerrt, der Widerstand gegen die Rücksichtslosigkeit der Intro- und Retrospektive beweist deutlich die Realität der einen, das einfachste Nachdenken über das Risiko, welches die Naivität im praktischen Leben auf sich nimmt, wenn sie diese Angst nicht überwindet, die Realität der anderen Kraftrichtung. In Rücksicht auf Erkenntnis treibt der Mensch in dem Antagonismus von Eitelkeit und Schamhaftigkeit, in Rücksicht auf Praxis in dem Antagonismus von Naivität und Reflexion.

Doch ist es damit noch nicht getan. In dem Zusammenleben des Menschen und selbst in seinem Mit-sich-allein-sein spielt der Eindruckswert, der Erscheinungscharakter des Psychischen eine gewaltige Rolle. Die unwägbaren Seiten unserer Existenz, das nicht mehr Ausdrückliche und in Ausdruckswerte Umsetzbare des seelischen Lebens, geben ihr den Reiz, die Atmosphäre, das Licht, und ohne sie wäre das Leben nicht mehr zu ertragen. Nur das Geheimnisvolle, Unentdeckte und Verhüllte zieht uns an, nur das Verborgene strömt den Zauber aus, der ungeahnte Möglichkeiten verheißt. Die Welt, wenn wir sie beim Wort nehmen, speist uns mit Enttäuschungen ab. Gibt es Entbehrungen, den nackten Hunger ausgenommen, welche nicht nach jener irrealen Befriedigung drängen, nach Sättigung mit dem Zauber unbestimmter Verheißung mehr verlangen als mit dem, was wirklich zu haben ist? Verfahren wir wie das Kind mit der Puppe, sehen wir nach, was in den Dingen, in den Menschen, in all dem Aufregenden dieser fabelhaften Welt steckt, so werden wir kaum mehr als jene Art von atomisiertem Sägemehl entdecken, mit dem die »Wissenschaft« seit langem die nach Erkenntnis Hungernden füttert. Alles Eigentliche, bei Licht besehen, enttäuscht. Die Gestalten verlieren den Glanz, die Farbe und das Aroma wie eine Frucht, die man zu intensiv angefaßt hat.

Der Nimbus des Verhüllten lockt den Menschen an, indem er ihn versucht, den Zauber zu brechen, das Geheimnis zu entschleiern. Aber wenn es nur Distanz und Fremdheit sind, welche anziehend wirken, so wirken sie eben gerade in einer Richtung auf absolute

Nähe und Bekanntschaft, in der der Nimbus zergeht. Abstoßung, welche anzieht, Anziehung, die schließlich abstößt – in einer nie ausgleichbaren Bewegung liegen die Reize der seelischen Ferne. Wir genießen sie nicht nur in der Kunst, in den Gebieten kontemplativer Stille, sondern überall im Leben mit Dingen und Menschen. Sie bilden die Luft eines wahrhaften Milieus, ohne das wir verkümmern. Zauber, der enträtselt und doch nicht enträtselt sein will, Verheißung, die alles und nichts verheißt –, wer sich darauf versteht, erfaßt das Wesen der Seele in seiner letzten Fragwürdigkeit.

So ist der Mensch in den Antagonismus von Realitätstendenz und Illusionstendenz hineingezogen, ohne ihm entfliehen zu können noch je zu wollen, und diese Antithetik, weit entfernt, von unserer ästhetischen oder gar nur künstlerischen Einstellung zur Welt abhängig zu sein, gehört zur Natur des Psychischen, ja bringt sie vielleicht auf einer noch tieferen Stufe zum Ausdruck als die Antagonismen von Naivität und Reflexion, von Schamhaftigkeit und Eitelkeit. Vielleicht, wir wagen nur anzudeuten, wurzelt die dialektische Dynamik des Psychischen unter den Aspekten ihrer praktischen Bestimmung und ihrer Erkenntnis in der ästhetisch noch am reinsten faßbaren zum Antasten verlockenden Unantastbarkeit.

Unter diesen Aspekten versteht man auch die Abgründigkeit des ganzen Fragenkomplexes der Keuschheit. Es beweist mangelnden psychologischen Blick, erklärt man sie für ein Produkt der Konvention und ein Vorurteil. Die Formen der Keuschheit mögen wechseln und gewiß ist Nacktheit an sich noch nichts Anstößiges. Doch ist der Mensch ohne Keuschheitssphäre überhaupt kein Mensch, denn in ihrer Existenz und wie auch immer gearteten Ausprägung findet die seelische Welt gleichsam ihre Vertretung und Darstellung wie im Gesicht gewissermaßen die ganze Persönlichkeit nochmals zum Ausdruck gebracht ist. Hängt dieser Sachverhalt, anthropologisch von der größten Bedeutung, mit der geistigen Verankerung des Menschen zusammen, die es bedingt, daß er im Punkte der Bewußtheit stehend Seele hat und nicht nur Seele ist (wie das Tier), so darf es auch nicht Wunder nehmen, daß

Keuschheit und Sexualität sphärenhaft eng miteinander verknüpft sind. Die Affektbeladenheit des Erotischen bestimmt die erogenen Zonen zu primären Keuschheitszentren. Also gewinnen die Sexualgefühle und das gesamte erotische Triebleben dominierende Bedeutung in der psychischen Dynamik und ihrer konkreten Entfaltung. Und der Bruch in der menschlichen Erotik, der Zwang zu ihrer Pervertierung kraft des Symbolisierungsvermögens ist darum nicht eine mehr oder minder zufällige Wirkung physiologischer Umstände oder besonderer Kindheitserlebnisse allein, sondern ein Ausdruck jenes wesenhaften Antagonismus von Realitätstendenz und Illusionstendenz, die aus der Zweideutigkeit alles Psychischen selber stammt. In der Natur gehen die Dinge ihren Gang. Wirkliche Hemmungen kennt erst die psychische Welt, nur werden ihr die Hemmungen zu Spannungen, Reizen, Erwartungen, ohne die es keine Erfüllungen gibt. In der Natur ist alles einander fern oder nah, das Zwischenreich der zur Nähe lockenden Ferne, der in die Ferne treibenden Nähe, einer unaufgelösten Fernnähe, kennt erst die psychische Welt.

Eben gegen dieses Zwielicht im eigenen Innern wehrt sich der gesunde Sinn. Widerwillen gegen eine irgendwie doch ersehnte Preisgabe der Seele, Furcht vor doch verlangter Selbstoffenbarung, Angst sich zu verlieren, wenn man sich gewinnt, – haben wir nicht tausendmal erlebt, daß diese Zwiespältigkeiten überwindbar sind? Ist der Nimbus so wichtig, daß er nicht der Erkenntnis, der Selbsterkenntnis zu opfern wäre, und ist Erkenntnis des Psychischen so radikal unmöglich und unerträglich, daß wir ihr dieses Opfer nicht bringen können? Vielleicht ist in Wirklichkeit alles gar nicht so schlimm, vielleicht verträgt sich ein gesundes Maß von Reflexion und Selbstanalyse mit tatenfroher Ursprünglichkeit, von nüchternem Blick mit Illusion, von Schamhaftigkeit mit Stolz. Niemand wird das leugnen. Da die Menschen des Durchschnitts in der glücklichen Lage sind, keiner besonderen Entwicklung ihrer Seele zu bedürfen, und mit einem Minimum an Psychischem sich in die gemachten Betten der Alltäglichkeit legen können, wird sich das Getriebe durch sein eigenes Schwergewicht mehr als durch die individuelle Anspannung seiner Handwerker erhalten. Über den kleinen Empfindlichkeiten wird das große Ganze noch lange nicht aus den Fugen geraten. Und soll denn wirklich die große Empfindlichkeit derart in den Mittelpunkt rücken, als ob – oder damit – sich alles um sie dreht?

Warten wir noch etwas mit der Antwort, welche die Befürworter einer Vernichtung der Persönlichkeit bereithalten. Führen wir die Betrachtung der psychischen Dynamik zu Ende, um ganz zu ermessen, um was es hier geht, und zögern wir nicht, die Dissonanzen herauszubringen, welche die letzte Vorbedingung menschlicher Größe sind. Alles Psychische, das sich nackt hervorwagt, es mag so echt gefühlt, gewollt, gedacht sein, wie es will, es mag die Inbrunst, die ganze Not unmittelbaren Getriebenseins hinter ihm stehen, trägt, indem es sich hervorwagt und erscheint, das *Risiko der Lächerlichkeit.* Der pure Affekt, das Sich-los-lassen der Seele in den Ausdruck hinein, die Unmittelbarkeit der Äußerung, die wahrhafte Rückhaltlosigkeit in der Manifestation der Urteile ebenso wie der Handlungen oder des Mienenspiels *wirkt* – vielleicht nicht notwendig, aber immer möglicherweise – lächerlich. Kein Ernst ist vor dieser Umkippung ins Komische sicher. Selbst über ein gelebtes Leben, dem das Schicksal den Stempel der Endgültigkeit und Notwendigkeit aufdrückt, kann sich ironischer Schein verbreiten, in dessen Lächeln eine Welt in nichts zergeht. Man mag sich wohl über alles lustig machen, doch ist einem noch freigestellt, den Ernst zu wahren und zu respektieren, wo kein Zwang der Lächerlichkeit vorliegt. An dem Psychischen aber haftet gewissermaßen die Lächerlichkeit, sie ist in seiner Natur latent eben durch die Zweideutigkeit, die keine Bestimmung und keine letzte Nähe, es sei denn in der Liebe, erträgt.

Zunächst ist jeder Tatbestand lächerlich, der sich in nichts auflöst, ohne davon Notiz zu nehmen, ein Sinn, der, in Unsinn verwandelt, noch die Ambition aufrechterhält, Sinn zu sein. Eine Droschke, die entzweigeht, kann uns höchstens Schock einjagen, aber eine Droschke, deren vorderer Teil nach dem Entzweigehen samt Kutscher und Pferden weiterrollend noch eine Pseudoexistenz weiterführt, wirkt lächerlich. Eine Bemerkung, die Widerspruch involviert, schaltet aus; aber eine Bemerkung, die kraft des Widerspruchs einen unausgesprochenen Sinn begründet und ausspricht, ist Witz und zwingt zum Lachen. Wie ein Reiz, der eben noch stark genug ist, unsere Aktivität zu erregen, und doch nicht mehr stark genug ist, sie wirklich zu veranlassen, uns kitzelt, wie ein Kitzel als beständiges Hin und Her – wenn wir nicht in der Lage sind, ihn zu beseitigen, oder es vorziehen, ihm uns hinzugeben – uns zu einer entsprechenden Hin- und Herreaktion treibt, jener stoßweisen Bewegung des Lachens, so wirkt alles in der Welt, was uns innerlich auf die Schaukel setzt, d. h. formal mit dem Bewußtsein des Kitzels übereinstimmt, lächernd und lächerlich. Dem Geist, jenem einzigen Blickpunkt für das absolute Nichts, bleibt dieses in keinem Ding verborgen, seiner wahrhaften Souveränität gegenüber verliert darum alles an Gewicht, er wird zum Ort der Ironie und nicht der Ehrfurcht.

Äußert sich Psychisches, tritt es unter das Gesetz der Erscheinung, so vereinseitigt es sich und verliert schon jene Tiefe und Fülle, ohne die es doch gar nicht das ist, als für was es genommen sein will und zu werden verdient. Erscheinend büßt es die Kraft, welche ein Erscheinen bedingt und rechtfertigt, ein. In der Manifestation verliert Psychisches wesensnotwendig, aber da es von sich aus nichts dagegen machen kann und hilflos diesem Verlust an Gewicht zusehen muß, täuscht es immer noch mehr vor als was es faktisch schon ist. So kommt es zu jener an und für sich durchaus nicht verständlichen Lächerlichkeit aller ungehemmten Affektäußerung, ja Kundgabe von Psychischem überhaupt. Der sichtbare Zorn, die sichtbare Trauer, der sichtbare Widerwillen, das ganz offenkundige Zeigen seelischen Gehaltes in Gedanke und Handlung verrät immer zu viel und verrät deshalb die ganze Seele. Dieser plötzliche Gewichtsverlust, den die Psyche im Heraustreten erleidet, ein noch mit der ganzen aus der unsichtbaren Tiefe seines Hervorbrechens stammenden Kraft geladener Ausdruck, der bei der Umsetzung in die Entladung hohle Geste wird, eine Geste, die mehr ambitioniert als was sie faktisch noch hat und ist und so gewissermaßen in der Luft stecken bleibt, dieses Zergehen in der Abbreviatur der Erscheinung macht Seelisches, wenn es nackt hervortritt, lächerlich. Es braucht eine Kompensation, welche solchen qualitativen Gewichtsverlust ausgleicht, es braucht *Bekleidung mit Form*, damit es das auch an der Oberfläche bleibt, was es, in seiner unsichtbaren Tiefe genommen, ist.

In diesem qualitativ gesehenen Antagonismus von Kraft und Erscheinung[5] der Seele wurzelt der Zwang zur Form, mit der wir außer dem Gnadengeschenk der Liebe dem Fluch der Lächerlichkeit zu entrinnen vermögen. Mit diesem Antagonismus erklärt sich das Phänomen des Kitsches, d. h. die seltsame Tatsache, daß ein aus echter Gesinnung und Bewegtheit kommendes Werk oder Wort falsch, seicht und abgegriffen wirkt. Die Armseligkeit und Nichtigkeit so vieler Bilder, Gedichte, Romane, Manifeste, das völlige Verpuffen ungeheuerer Anstrengungen, das Verbluten der Herzen Ungezählter, die es gut gemeint haben, aber nicht durchdringen konnten, die Hunderttausende namenloser Soldaten auf den Schlachtfeldern der Vergeblichkeit –, welche Zeugnisse für ein Gesetz der Seele.

Immerhin, es wäre kein Gesetz, wenn es nicht Grenzen seiner Geltung auch außerhalb der Gemeinschaft hätte, die der Verstand schwerer als Natur und Künstler zu treffen weiß. So hören wir irgendwo das Wort eines Kindes, sehen die Geste einer leidenden Frau, das flammende Pathos eines Volksredners und sind gepackt und hingerissen, herausgenommen aus der distanzierenden Haltung und konfrontiert mit dem Letzten der Seele selbst. Warum hält hier die Welt den Atem an und kapituliert der Geist vor einer höheren Gewalt des Herzens? Weil hier das Letzte schutzlos und

5 Womit wir nicht sagen wollen, daß jenes Gesetz von Kraft und Erscheinung, wie es Haas in seiner Dynamik des Psychischen formuliert hat – vgl. Wilhelm Haas, Kraft und Erscheinung, Bonn 1922 –, falsch wäre. Es bezeichnet dort etwas ganz anderes, eine quantitative Abhängigkeit, und gilt nur für eine quantifizierende Betrachtung des Seelischen. Jede Quantifizierung aber braucht empirische Kriterien auf Grund systematisch-experimentellen Vorgehens, wie sie ihren Sinn in übersichtlicher Ordnung und Beherrschung seelischer Phänomene auch allein sucht und gewinnt. Die Philosophie des Seelischen dagegen, aus der wir hier einiges zu geben gedachten, qualifiziert seine Erscheinungen und hat ihre Kriterien am Psychischen und seiner Dialektik selbst, nicht aber an seiner empirischen Beobachtung in irgendeinem Experiment, sei es nun mit Hilfe von Registrierapparaten oder magischer Selbstbeherrschungstechnik.

in solcher Einfachheit uns erschienen ist, daß es im wahrsten Sinne des Wortes auch in und mit der Äußerung nichts mehr zu verlieren hat. Nur das Psychische, zu dem ein, wenn auch noch so geringer Aufwand von Intensität des Erlebens und der Einfühlung gehört, das also eine gewisse Mächtigkeit besitzt, eine Fülle, die nach Äußerung strebt, nur ein solches irgendwie gewichtiges Psychische kann an Gewicht im Ausdruck verlieren und trägt damit das Risiko der Lächerlichkeit. Das Schlichte, ganz und gar Einfache und Elementare unseres Innern, unmittelbar gegeben, nimmt uns durch seine absolute Schutzlosigkeit, seinen Mangel an Anspruch die Waffe der Ironie aus der Hand. Vor dem ganz und gar Schutzlosen sinkt das Schwert, es bleibt nichts mehr, über das es zu triumphieren gäbe. (Aus dieser Macht der Einfachheit aber etwa ein Prinzip des sozialen Verhaltens ableiten, hieße die innere Begrenztheit des wahrhaft Elementaren der Seele, das uns nur entwaffnet, wenn es uns überrascht – und sonst geht es im Gleichgültigen unter – verkennen. Es gehört die ganze Unabsichtlichkeit, Schlichtheit und Aufrichtigkeit im Selbsterleben und in der Äußerung dazu, die Getriebenheit und zugleich die letzte Einfachheit des Gefühls, des Willens, des Gedankens, in der wir alle wurzeln, damit derartige Wirkung hervorgebracht werden kann. Infolgedessen wird sie durch das Leben in den meisten Fällen illusorisch, weil weder Unabsichtlichkeit noch Einfachheit mit seinen durchschnittlichen Situationen sich vertragen.)

Warum ist es nun unmöglich, daraus den einfachen Schluß zu ziehen und zu sagen: das dynamisch Betonte im Ausdruck unterliegt einer unwillkürlichen Entwertung, also hüte sich der Mensch vor solcher Preisgabe, denn im letzten Grunde ist das Betonte ja doch nicht ganz echt und gibt sich der Mensch darin nicht wie er ist; er sei schlicht und einfach, wenn er dem Verhängnis entrinnen will? Weil auch die Betonung, die Nachdrücklichkeit und Gewichtigkeit eines psychischen Habitus echt sein kann. Der Affekt in der Gefühlserregung, selbst in der Denkkonzentration läßt sich einfach nicht trennen vom seelischen Gehalt, etwa dessen, was uns erfreut, was uns beschäftigt, denn er ist eigentlich nur die Hingenommenheit vom Gehalt, in der alle seelische Unmittelbarkeit und

Echtheit besteht. Der Gram des einen kann uns erschüttern, der Gram des andern wirkt komisch, und woran liegt es, da beide doch durch und durch echt sind?

Hier muß eine neue Saite angeschlagen werden. Bisher betrachteten wir das Problem lediglich unter dynamischem Gesichtspunkt, und dieser reicht vielleicht gar nicht einmal zum Ausschlaggebenden. Was viel umfassendere Bedeutung hat und an die Wurzeln der seelischen Existenz rührt, ist der ihm vorausliegende gewissermaßen statische Sachverhalt, daß der Mensch eine Doppelexistenz als Seele und Körper führt. Wohl ist der menschliche Körper Leib, d. h. Ausdruck von Seele, er verhüllt insofern nicht, prägt vielmehr das Unsichtbare in Gesicht, Haltung, Figur und Gesten plastisch aus. Aber was er ausprägt, das vorbewußte Seelische, gewisse fundamentale Charakterzüge, denen die Person nicht entfliehen kann, die ebenso ihre Stärke als ihre Schwäche, ihr Gutes ebenso als ihr Schlechtes verraten, enthüllt einerseits zu viel, andererseits zu wenig. Das Bild eines Wesens ist immer Schema, vereinfachte und vergröberte Darstellung eines nie ganz Darstellbaren und Ausschöpfbaren, das in seinen Möglichkeiten genommen und als ein Unendliches geachtet sein will, auch wenn ihm schicksalshafte Grenzen, Stammformen seiner Existenz, nun einmal gezogen sind, über die es nicht hinaus kann und an welche doch seine Physiognomie beständig erinnert. Wo der Mensch Sichtbarkeit und Mitteilbarkeit erstrebt, ist sie ihm, wie oft, versagt; wo er sie flieht, ist sie beständig da.

Ist an den zuvor besprochenen inneren unvermeidlichen Gegenwirkungen der Seele etwas Wahres, die unruhig zwischen einer Zeige- und Offenbarungstendenz und einer Scham- und Verhüllungstendenz hin und her gezogen wird, ohne von sich aus zur Ruhe zu kommen, so muß die Tatsache der leibhaften Verbildlichung und gleichzeitigen Verhüllung der Seele durch den Körper darauf Einfluß haben wie auch selbst davon berührt werden. Physiognomische Ausprägung wird nur das Sichgleichbleibende der Psyche gewinnen, das in der Tiefe liegt und das Bewußtsein meidet. So entsteht die eigenartige Umkehrung dessen, was das Bewußtsein erstrebt: woran wir nicht erinnert sein noch andere erinnern wollen, steht auf unseren Gesichtern mit dem Meißel der Natur verzeichnet, was aber nach unserem Willen sichtbar werden soll, muß sich mühsam ans Licht hervorkämpfen und die Gefahren der Wirkung auf andere bestehen. Der Leib ist also in dem Maße, als Seelisches nach eigener Formung und Bildung strebt, ein schlechtes, inadäquates Symbol der Persönlichkeit. Wo er symbolisiert, sagt er zu viel, wo er symbolisieren soll, schweigt er und schiebt sich als träger Körper zwischen die geistseelischen Subjekte. Eine derartige wesenhafte Unvereinbarkeit in der Einheit einer Person vereint zu sehen, hat etwas Lächerliches an sich. An irgendeinem Punkte ist jeder die Karikatur seiner selbst, sei es in Unbeholfenheit oder irgendwelchen Automatismen, die er nicht mehr in der Gewalt hat und die dadurch Gewalt über ihn bekommen haben. Denn lächerlich ist in einer zweiten Bedeutung, welche man auch das statische Gegenstück zur ersten dynamischen Definition nennen könnte, jede Unvereinbarkeit an und für sich sinnvoller Teile, der doch von ihrer tatsächlichen Vereinigung in einem anschaulichen Dasein widersprochen wird. Auf diesem Gesetz beruht die ganze Komik der Anschauung. Unvereinbarkeit setzt freilich eine Vereinbarkeit, ein leerer Anspruch die Idee eines zu Recht bestehenden Anspruchs voraus. Lächerlich ist ein Ding nur auf dem Hintergrund des Ernstes, mit dem es kontrastiert. Ohne Aufweis solcher Kontrastmöglichkeit wäre die ganze Darstellung des Risikos der Lächerlichkeit unvollständig.

Nur weil es menschliche Würde gibt, die Idee einer Harmonie der Seele und zwischen Seele und Ausdruck, Seele und Körper, und nur weil es glückliche, begnadete Naturen gibt, welche diese Idee unter uns versinnbildlichen, im schlichten Leben oder in der Kunst, empfinden wir so vieles an uns und anderen als Ereignis gewordene Unzulänglichkeit. Würde hat nichts mit Ehre zu tun. Wenn wir einen Menschen komisch finden, so tangieren wir seine Würde, nicht seine Ehre, wir sprechen ihm die Harmonie in seinem Sein oder seinen Taten, nicht aber die Lauterkeit seiner Gesinnung, die Aufrichtigkeit und das Verantwortlichkeitsbewußtsein ab. Würde betrifft stets das Ganze der Person, den Einklang ihres Inneren und Äußeren, und bezeichnet jene ideale Verfassung, nach der die Menschen streben, die aber nur wenigen verliehen ist. Je höher der Mensch hinaus will, um so schwerer erreicht er dieses Ideal, denn mit der Vereinseitigung, der Konzentration auf große Themen reißt er die Kluft zwischen sich und seinen Ambitionen auf. Auf tieferer Stufe, wo die Seele weniger im Mittelpunkt der Aufmerksamkeit steht, wo die Ambitionen leichter befriedigt werden, sagen wir bei Sportsleuten oder Menschen der Praxis, vor allem aber bei den Frauen, die nach dem Wort des Romantikers bei sich selbst bleibende Natur sind und nur das zu ambitionieren pflegen, was sie mit Hilfe der Männer zu erreichen sicher sind, finden sich leichter Würde und Anmut.

Wir sind weit von einem Tragizismus der menschlichen Natur entfernt. Es gibt ein Gleichgewicht zwischen den Kräften des Innern wie zwischen Innen und Außen, nur besitzt es und findet es nicht jeder. So ist jene Gefahr der Lächerlichkeit zu verstehen, die in gewissem Sinne jeden bedroht, insofern also ihm einen tragischen Akzent verleiht, weil sie mit der Seinsweise des Menschen als Seele und Körper innerlich gegeben ist, der aber noch lange nicht jeder anheimfällt. Sie wächst nur mit dem Maße der geistseelischen Anspannung und trifft darum das Opfer mit besonderer Härte. Wo Blut und Sache die Menschen nicht zueinander bringen und der Zwang zur seelischen Selbstbehauptung nicht von der übergreifenden Gemeinschaft gelöst wird, hat der Mensch demnach nur die Alternative, diese Gefahr zu bestehen und die Würde durch irreale Kompensationsmittel zu retten oder aber die individuelle Würde dadurch zu gewinnen, daß er sie freiwillig dahingibt. Entweder Selbstbehauptung um jeden Preis, um den Preis der Zufriedenheit, des Glücks, freilich auf relativ niederer Stufe sozialen Milieus, ökonomischer, seelischer Möglichkeiten oder Selbstpreisgabe und Selbsterniedrigung im Geiste der tiefsten Wahrheitsparadoxie, welche die Welt kennt: wer sich verliert, wird sich gewinnen. Entweder der Weg der reinen Ethik oder der Weg der reinen Religion.

Darum verlangt das Leben von denen, die aus der Ohnmacht, aus dem großen Nichtwiderstreben die Welt beschämen und erneuern wollen, ein Sichbeugen unter den Fluch der Lächerlichkeit, eine

Erniedrigung vor den Mitmenschen. Gott muß Knechtsgestalt annehmen, wenn die Welt ganz und gar aus den Angeln gehoben sein soll. Der Heiland bringt eine ungeheuere Wahrheit, er bringt die Paradoxie, den Geist der Tiefe, er bringt das Schwert. Er wagt den Widersinn und fordert heraus. Was ist die Erlösung durch das Heilandsopfer ohne das Wagnis des Menschensohnes, der es mit allen aufnimmt und nach dem Gesetz dieser Welt verliert? Wie könnte dieser Welt das Gericht gewaltiger gesprochen sein, als daß an ihr die lautere Güte zerbricht? Dostojewskis Idiot, Hauptmanns Emanuel Quint nehmen den Fluch der Lächerlichkeit auf sich und alle die, welche Christi Vorbild im Herzen tragen und im Herzen befolgen wollen. Das Schicksal Jesu von Nazareth gewinnt erst aus der Verkanntheit seines Wesens jene symbolhafte Gewalt, welche durch die Geschichte fortwirkend ewige Mahnung bedeutet, über der vernichtenden Kritik des Geistes und den Erhebungen zur Form nicht zu vergessen, daß Gott, der in jeder Seele wirkt, auch das Niedrigste zu seiner Stätte wählen kann.
In Christus haben alle, die auf den Schlachtfeldern der Vergeblichkeit verblutet sind, denen die Welt, der Geist mit letztem Lächeln quittiert, ihre Zuflucht, sie dürfen sagen: Ironie, wo ist dein Stachel, Ironie, wo ist dein Sieg? Haben wir nun die Antwort gegeben, welche die Befürworter einer Vernichtung der Persönlichkeit im diesseitigen Sinne, einer Vernichtung ihrer letzten Verantwortlichkeit für das Werk der Kultur bereithalten? Wer sich ganz dem Gesetz der individuierten Seele, einerlei, ob er Individualist oder Sozialist sein will, überliefert, hat schwer an ihm zu tragen. Und es ist verlockend, zumal wenn er es religiös begründen kann, seine Bürde abzuwerfen und nach außen in der Masse unterzugehen, das Streben nach Geltung, nach praktischer Macht, nach Illusion zu verneinen und radikal ernst zu machen mit der Umkehr zur Preisgabe der irdischen Güter und Werte. Wer das will, wer so wahrhaft ein Christ zu sein glaubt aus dem Geiste des Herrn, den vermag keine Macht zu hindern. Er nimmt das Risiko der Niedrigkeit und Lächerlichkeit auf sich, mit heiterer Seele, denn er weiß, daß ihm Gott dieses Risiko abgenommen hat wie allen, auch wenn sie es nicht wahrhaben wollen, bis ans Ende der Tage.

Aber die anderen? Aber die Nichtverzichtenden, aber die, welche die Welt nicht für so gleichgültig halten, daß sie, um Christen zu sein, sie aufgeben dürften? Sie müssen sich auf ihre Gesetze einlassen, sie müssen erkennen, daß es hier nur ein Vorwärts von unerbittlicher Härte gibt, und der einzelne, auch wenn er noch lange nicht das Höchste ist, seinen Mann stellen muß, weil aus seinen Anspannungen allein die Masse der Welt zum Ganzen geformt wird. Wo sind dann die Lobredner der Gesellschaftsflucht, die ekstatischen Gemeinschaftsbejaher mit ihren seelisch unverifizierbaren Ideen, wo die milden Darsteller eines leichten Ausgleichs zwischen den ja gar nicht so schlimmen Extremen der menschlichen Seele?

Für den Kritiker des gemeinschaftsemphatischen Ethos genügt es, die Wesensgrenzen aufzuzeigen, welche der Rückhaltlosigkeit als dem innersten Charakter echter Gemeinschaftsgesinnung entgegenstehen und an die Extremmöglichkeiten zu erinnern, die dem Durchschnittler allerdings verschlossen sind, an das Risiko, das nur die, und sei es um der Gemeinschaft willen, sich vorwagende Persönlichkeit auf sich nimmt.

Wege zur Unangreifbarkeit: Zeremoniell und Prestige

Nur die sind verächtlich,
die sich vor Verachtung fürchten
La Rochefoucauld

Aus den radikalen Nöten, denen er durch seine Innerlichkeit verfallen ist, sucht der sich selbst behauptende Mensch einen Ausweg. Den Antagonismen von Scham und Eitelkeit, Naivität und Reflexion, Realität und Illusion, die ihm keine Ruhe des Lebens, keine eindeutige Richtung lassen, weil sie nicht in seine Gewalt gegeben sind, muß er entfliehen, um eine Position vor anderen wie vor sich zu gewinnen. Wohl läßt sich die Zweideutigkeit überall da verbannen, wo wir eine feste Orientierung an Sachen und Normen besitzen. Aber was nützt der unsichtbare Gehorsam im eigenen Innern, wenn den ihm folgenden Taten als Erscheinungen ein falscher Sinn unterlegt werden kann? Die wesensmäßige Unsicherheit, so zu wirken, wie er ist oder gar wie er will und wie er es meint, wird allerdings den Menschen nicht davon abbringen dürfen, so zu handeln, daß er vor dem inneren Richter besteht. Nur ist hiermit für das Zusammenleben der Menschen noch kein positives Prinzip angegeben, nach dem sich die Charaktere erkennbar und in ihrer Reinheit auch durchsichtig werden.

Ohne die ethischen Ideen selbst schon zu relativieren und zu verflüssigen, was allerdings die Sache am verkehrten Ende anpacken hieße, wird es die Aufgabe sein, dem Menschen über die ganze Breite seiner seelischen Existenz hin ein solches Benehmen zu empfehlen, das bei einem Maximum an Ehrlichkeit und Aufrichtigkeit ein Maximum an Sicherheit vor dem ironischen Zerstörerblick, bei einem Maximum an seelischem Beziehungsreichtum zwischen den Menschen ein Maximum an gegenseitigem Schutz voreinander verbürgt. Die Sphäre des Zusammenlebens der Menschen ist an Möglichkeiten unendlich vielfältiger als die von ihr eingeschlossenen Sphären bluthafter oder geisthafter Bindung. Gerade auf dieses unendlich differenzierbare Zwischenreich zwischen

Familiarität und Objektivität, ein Reich zwar nicht wertloser, wohl aber moralisch wert*äquivalenter,* nicht nach einer Alternative so oder so entscheidbarer Situationen, in denen Seele mit Seele in unvermittelten, d. h. liebefreien und sachfreien, weder durch Sympathie noch durch Überzeugungen regulierbaren Kontakt gerät, hat sich die Aufmerksamkeit zu konzentrieren. Die Alltäglichkeit ist eben dieser Inbegriff *lauter einzelner Fälle,* auch wenn sie durchzogen sind von allgemeinen Ideen und Pflichten, für die es keine Anrufung höherer geistiger Instanzen (wir erinnern an das vorvorige Kapitel) gibt. Nicht für jede Kollision und Konstellation ist ein ideales Verhalten vorbildlich festgelegt. Hier heißt es, sich weiterhelfen und die Situation meistern. Hier gibt es kein stabiles Gleichgewicht des Lebens mehr, das Verhalten ist weder bluthaft noch werthaft verankert, hier herrscht labiles Gleichgewicht, hier gilt tänzerischer Geist, das Ethos der Grazie.

Dieses Reich der Alltäglichkeit, der wertäquivalenten Situationen kennen wir alle: es ist die Gesellschaft im Sinne der Einheit des Verkehrs unbestimmt vieler einander unbekannter und durch Mangel an Gelegenheit, Zeit und gegenseitigem Interesse höchstens zur Bekanntschaft gelangender Menschen. Und wir kennen auch diesen tänzerischen Geist, dieses Ethos der Grazie: das gesellschaftliche Benehmen, die Beherrschung nicht nur der geschriebenen und gesatzten Konvention, die virtuose Handhabung der Spielformen, mit denen sich die Menschen nahe kommen, ohne sich zu treffen, mit denen sie sich voneinander entfernen, ohne sich durch Gleichgültigkeit zu verletzen. Die Liebenswürdigkeit ist ihre Atmosphäre, nicht die Eindringlichkeit; das Spiel und die Beobachtung seiner Regeln, nicht der Ernst ist ihr Sittengesetz. Die erzwungene Ferne von Mensch zu Mensch wird zur Distanz geadelt, die beleidigende Indifferenz, Kälte und Roheit des Aneinandervorbeilebens durch die Formen der Höflichkeit, Ehrerbietung und Aufmerksamkeit unwirksam gemacht und einer zu großen Nähe durch Reserviertheit entgegengewirkt.

Zwischen den Polen der Gemeinschaft, Blut und Sache, spannt sich das ungeheuere Gebiet einer noch nicht politisch oder ökonomisch faßbaren, gewissermaßen unbestimmten Öffentlichkeit, mit der das ganze Risiko der Erniedrigung menschlicher Würde gegeben ist. Hier ist das oberste Gesetz für den einzelnen, sich nicht dadurch auszuschalten, daß er sich lächerlich macht. Nicht so sehr seine Ehre, deren Schutz ganz in seiner Macht liegt, als seine Würde steht auf dem Spiel. Um die Achtung der individuellen Form ihrer Persönlichkeit, d. h. der individuell beschränkten, durch die Beschränkung zugleich zur Wirksamkeit entbundenen seelisch-geistigen Unendlichkeit geht der streng auf Gegenseitigkeit gestellte Kampf aller gegen alle. Indem aber die Flüchtigkeit und Zufälligkeit menschlicher Beziehungen einen jeden in willkürliche Perspektiven und Beleuchtungen rückt, die ihn entstellen und eine Verkürzung und Vereinfachung erzwingen, welche der Individualität keinen Raum geben, muß dieser Kampf um die gegenseitige Achtung auf besonderen Wegen ausgefochten werden.

Man könnte ja denken, der Forderung nach gegenseitiger Achtung individueller Würde wäre durch eine einfache Geste, die jedem seinen Glauben und seine Neigungen läßt, Genüge geschehen. Aber damit ist doch nur ein Schema des Verhaltens vorgezeichnet. Solche Abbreviatur, für die es manche Belege gibt wie: es muß auch solche Käuze geben, jeder soll auf seine Fasson selig werden, hat im Gegenteil etwas Verletzendes, wenn sie mit dem einzelnen Menschen zusammengebracht wird, denn eine individuelle Form ist erstrebt. Hier sitzt die Schwierigkeit. Das Individuum, bedroht von dem Antagonismus von Seele und Körper, Kraft und Ausdruck, darf sich einerseits so wenig wie möglich sehen lassen, macht sich dadurch allerdings unkenntlich. Andererseits lassen es die Konstellation und das Tempo des Lebens nicht zu, dem einzelnen sich so zu widmen, wie es zu seiner Erkenntnis nötig wäre. Aus beidem folgt allgemein die Unmöglichkeit einer individuellen Fühlungnahme und damit der Schematismus des Verkehrs. Demgegenüber beharrt das Individuum auf seinem unverlierbaren Anspruch, so behandelt zu werden wie es ist und aus der Fülle einer vielleicht nie ausschöpfbaren Seele heraus verstanden, d. h. auch in seinen Möglichkeiten geachtet zu werden. Verständnis und Achtung bedeuten in dieser Sphäre noch ein und dasselbe, weil die Würde des einzelnen, seine eigenartige Ausprägung menschlicher

Natur, mit seinen natürlichen Eigenschaften, freilich in der unzerteilten Einheit einer Persönlichkeit, zusammenfällt. Das Moment der Würde ist in der Unendlichkeit und Unantastbarkeit der persönlichen Seele gegeben, die, wenn sie auch nicht jeder in voller Wirklichkeit besitzt, doch jeder haben möchte bzw. deren Besitz er prestigiert.

Bringt man die Forderungen zusammen, so erkennt man sofort ihre Unvereinbarkeit auf dem natürlichen Boden, dem sie entstammen. Das Individuum muß zuerst sich eine Form geben, in der es unangreifbar wird, eine Rüstung gleichsam, mit der es den Kampfplatz der Öffentlichkeit betritt. Auf solche Art sichtbar geworden, verlangt es entsprechende Beziehung zu anderen, Antwort von anderen. Der Mensch in der Rüstung will fechten. Eine Form, die unangreifbar macht, hat stets zwei Seiten, sie schützt nach innen, und sie wirkt nach außen. Das kann sie aber nur, wenn sie definitiv verhüllt. Ohne irreale Kompensation einer Form in die Öffentlichkeit zu gehen, ist ein zu großes Wagnis. Mit dieser irrealen Kompensation maskiert sich jedoch der Mensch, er verzichtet auf sein Beachtet- und Geachtetwerden als Individualität, um wenigstens in einem stellvertretenden Sinne, in einer besonderen Funktion, repräsentativ zu wirken und geachtet zu sein.

Kann der Mensch es nicht wagen, einfach und offen das zu sein, was er ist, so bleibt ihm nur der Weg, *etwas* zu sein und in einer Rolle zu erscheinen. Er muß spielen, etwas vorstellen, als irgendeiner auftreten, um die Aufmerksamkeit auf sich zu lenken und sich die Achtung der anderen zu erzwingen. Die ursprüngliche Tendenz auf Respektierung und inneres Verständnis der eigensten Persönlichkeit wird infolgedessen nicht befriedigt. Ihre notgedrungene Ableitung und Transformierung in eine irreale Sphäre von Bedeutungen und Geltungen entspricht einem Kompromiß zwischen Gegensätzen, die unversöhnlich einander auszuschließen trachten, einer Scheinlösung auf ganz anderer Ebene als in der die Gegensätze liegen. Der Mensch verallgemeinert und objektiviert sich durch eine Maske, hinter der er bis zu einem gewissen Grade unsichtbar wird, ohne doch völlig als Person zu verschwinden. Eine Zweiteilung entsteht zwischen Privatperson und Amtsperson, Amt hier noch in einem ganz umfassenden, nicht irgendwie historisch belasteten Sinne genommen. Zugleich wird ein Doppeltes erreicht. Das Schwergewicht der Form, der Bedeutung, in der das Individuum erscheint, macht sich kompensatorisch in der Wirkung auf andere geltend, welche ihrerseits zu einem Eingehen auf die Form, die Bedeutung gezwungen werden. Jemand ist nur etwas in der möglichen Anerkennung durch andere. Unstreitig ist dieser Irrealisierungszwang von Wichtigkeit für die Rechtfertigung aller gesellschaftlichen Struktur. Denn ob die kompensatorischen Formen, die repräsentativen Funktionen bestimmte Zwecktätigkeiten zum Inhalt gewinnen und dann Ämter, Berufe, den ganzen Bau lebensnotwendiger Dienstleistungen in einem Sozialverband tragen oder ob sie bestimmte Werttätigkeiten im ganzen einer Kultur werden, ist zunächst gleichgültig. Man ersieht nur aus dem Motivzusammenhang die absolute Notwendigkeit der Entstehung einer Form in den menschlichen Beziehungen, die Genealogie ihres Formellseins, die Unvermeidlichkeit und Erwünschtheit der sozialen Abstraktionen überhaupt ohne Berufung auf irgendwelchen physischen Zwang der Wirklichkeit, ohne Rückgang auf die biologisch-ökonomisch bedingte Zwecktätigkeit des Menschen.

Begegnen sich Personen in dieser irrealen Geltungssphäre, so gewinnen sie eine konstante Relation zueinander, einen Abstand, der weder zu weit noch zu eng werden kann, weil die Starrheit der jeweiligen Bedeutung, mit der sie sich begegnen, es verhindert. Die Beobachtung der Formen hat denselben Sinn wie die Einhaltung von Spielregeln, wodurch das öffentliche Leben, dessen Personen einander in Funktionen, in Rollen erscheinen, an seiner eigentlichen Natur zum Spiel wird. Besitzt die Materie dieses Lebens oft den ganzen Ernst und die Unerbittlichkeit des Daseins, vollziehen sich in ihm letzte Entscheidungen, so zeigt doch (unbeschadet einer ihm völligen Adäquatheit in der Gesinnung) die Behandlung formal Spielcharakter, weshalb das eine »gilt«, das andere nicht »gilt«, und die Nichtbeachtung der eigenartigen Regeln, die sich schwer verzeichnen lassen, den Menschen im Niveau drücken, ja völlig entwerten muß. Nackte Ehrlichkeit wirkt, wenn nicht ganz besondere Umstände mithelfen, einfach als Spielverderberei, mit der weiter nichts anzufangen ist, als daß man darüber hinweggeht.

Unangreifbarkeit der Individualität wird mit stellvertretender Bedeutung erkauft. Stellvertretende Bedeutung setzt gleichbleibende Abstände zwischen die Individuen und wirkt als Form kompensatorisch einer Entwertung des Menschen in der Erscheinung entgegen. Sie rettet die Würde, indem sie der schwer faßlichen, natürlichen, das Äquivalent einer irrealen, aber klar umgrenzten Würde bietet. Die eigentliche Kraft, welche diese Wirkung vermittelt, man kann auch sagen, der Effekt, der mit dieser Irrealisierung hervorgerufen werden und das Leben in der Gesellschaftssphäre halten soll, ist die Gewalt des *Nimbus*.

Wer etwas ist und damit eine Rolle spielt, besitzt dadurch einen gewissen psychologisch schwer beschreibbaren Nimbus, der sozusagen an der Funktion der Bedeutung hängt. Es ist weniger die ungegliederte Fülle von Vorstellungen der Machtmöglichkeiten, welche mit jeder Bedeutung als abstrakter und daher über die individuell beschränkte Seinssphäre hinausgeltender Form zum mindesten als Ansprüche verbunden sind, als der einfache Respekt vor dem Unwirklichen, das sich in bestimmter Gestalt und Funktion präsentiert. Um Nimbus zu erzeugen, genügt zunächst das einfache Vorgeben von etwas, das da sein und wirken soll, ohne »da« zu sein. Weiter spielt allerdings das Gefühl, einer Macht gegenüberzustehen und die Drohung mit Gewalt, über welche jede Macht verfügen muß, eine Rolle. Die eigentümliche Erhöhung und Verklärung, die mit steigendem Abstand zwischen den Bedeutungsträgern an dem jeweils Übergeordneten zu bemerken ist, zeigt das Gesetz dieser Sphäre besonders deutlich: die Weite des Abstandes, den eine Person kraft ihrer repräsentativen Stellung beansprucht und erzwingt, hebt ihre Sichtbarkeit, d. h. mehrt ihr Ansehen. Je unnahbarer eine Position ist, um so größere Aufmerksamkeit und Ehrerbietung wird ihr dargebracht.

Auf diese Weise ist die Seele aus der dialektischen Dynamik einer ewig nach Berührung verlangenden und diese Berührung doch fliehenden, nach Antastung strebenden Unantastbarkeit auf eine ihrer eigentlichen Absicht zwar nicht genügenden, obwohl der

Form des Antagonismus gemäßen Art befreit. An die Stelle des ursprünglichen, aber verwundbaren, zerstörbaren Nimbus, der in dem »Noli me tangere«-Charakter alles Psychischen gegeben ist, tritt durch die Irrealisierung der Person ein unzerstörbarer Nimbus, der das Rätsel löst: einen Menschen gleichzeitig maximal sichtbar zu machen und zu verhüllen. Der natürliche Zauber des Erscheinungscharakters einer Psyche mit seiner seltsam widersprechenden Wirkung, lockend und abweisend in einem, ruft unsere Realitätstendenz, die wissen will, wie der Mensch eigentlich ist, und unsere Illusionstendenz, die scheu vor dem Geheimnis uns fernhält, gleichmäßig wach. Denn gerade von außen, in der Richtung ihres Gesehenwerdens, ist Seele das große Rätsel, das Ewig-Vieldeutige, das uns, kaum gefaßt, entgleitet. Solche Rätsel in der Erscheinung faszinieren und ziehen in sich hinein, bewirken aber im selben Maße Zurückhaltung und schaffen Distanz. Der künstliche Zauber des unzerstörbaren Nimbus bringt den Widerspruch zur Lösung. Er schafft seinem Träger zugleich Raum und Anziehungskraft, Maske und Gesicht.

Wird auch die Unangreifbarkeit, sagen wir genauer eine gewisse Unangreifbarkeit, mit dem Preis der Individualität bezahlt, muß sie als Privatsphäre hinter der offiziellen Physiognomie der jeweiligen Bedeutung verschwinden, so bleibt doch dem Menschen, will er sich als Seele behaupten, nur dieses Mittel. Sogleich ergeben sich zwei Ordnungen seiner Anwendung. Die eine folgt aus der Berücksichtigung gleichbleibender, ruhender Verhältnisse zwischen Personen, die andere aus der Berücksichtigung wechselnder, werdender Prozesse zwischen ihnen. Alle übersehbaren konstanten Beziehungen einheitlich irrealisiert, ohne doch einer Uniformierung und vor allem einer Nivellierung damit schon unterworfen zu sein, werden zusammengefaßt in der Idee des *Zeremoniells.* Die Beobachtung seiner Gesetze und Formen ist bindend, ohne einer besonderen rationalisierenden oder moralisierenden Begründung zu bedürfen. Es ist dazu da, übernommen und angewandt zu werden in dem stillschweigenden Bewußtsein seines Spielcharakters. Ihm ordnet sich die Individualität ein und unter, ein Allgemeines verbindet eine unbestimmte Fülle von Personen, die in gewissen

Bedeutungsverhältnissen entweder zueinander oder zu dritten stehen, zu einheitlichem Verhalten von objektiv geregeltem Gepräge. Während die persönlichen Reibungsflächen auf ein Minimum reduziert sind, erhöht sich zugleich die Sicherheit und Würde des Benehmens.

Kein Volk, es mag auf einer noch so primitiven Stufe der Kultur stehen, entbehrt des Zeremoniells in seinen religiösen, politischen und ökonomischen Handlungen. Die naturvolklichen Kulturstufen verwurzeln seine strenge Feierlichkeit in magischen Vorstellungen von der geisterbeschwörenden Macht der Formeln. Sie sollen der überall gegenwärtigen Gewalt des Übersinnlichen Ehre erweisen und die auf ihre Würde und ihren Vorteil bedachten Geister und Götter respektieren und gewinnen. So geringe Bedeutung auch das Einzel-Ich in der Bewußtseinslage primitiver Völker hat, so anspruchsvoll sind ihre Götter, die Verstorbenen und die Respektspersonen, welche in erster Linie mit ihnen verhandeln müssen; doch auch das in Dämonen objektivierte Psychische verleugnet nicht seine Empfindlichkeit, das, ob es noch so naiv sich äußern mag, behutsam angefaßt sein will. Und welche Ausbildung hat das Zeremoniell in allen Sphären des Lebens bei den asiatischen Völkern erfahren! Auch hier ist das Motiv nicht der Schutz der eigenen Individualität, die dem Orientalen gar nicht in dieser Weise als etwas nur ihm Gehörendes und Unvertretbares erscheint, sondern sein ausgesprochener Sinn für die Würde der Form. Die Höflichkeit, in einer unendlichen Fülle von Regeln sich erschöpfend, entspricht seinem Geschmack an extremer Bindung des Lebens und Unterdrückung der Willkür des sich hervorwagenden Einzelmenschen. Freiheit und Originalität sind nach den Begriffen seiner großen Kultur barbarische Werte. Eingliederung in die Tradition soll seinen Lebensweg bestimmen und seine letztlich gleichgültige Person an die große Kette der Toten in allen Lebensäußerungen anknüpfen. Man kann es wohl verstehen, wie in der Entwicklung des abendländischen Menschentyps, vor allem seit der Zurückdrängung der katholischen Kirchenmacht, in der das orientalische Element eine nicht unwesentliche Rolle spielt, die Idee der zeremoniellen Ordnung unserer Lebensweise, unseres Verkehrs und sozialen Benehmens überhaupt an Wert einbüßen mußte. Je mehr das Ich Vordergrundserlebnis und Angelpunkt der Kultur wurde, Religion und Staat in ihm ihren Maßstab suchten, desto unerträglicher kamen den Menschen alle die rational nicht verständlichen Formen vor, die die einfachsten Dinge von der Welt mit umständlicher Feierlichkeit umgeben. Der expressiv veranlagte Europäer, gegen alles nicht vernunftgemäß Einleuchtende und Notwendige mißtrauisch, räumte mit dem sogenannten alten Plunder auf, wo er ihm irgend entbehrlich schien, und das bürgerliche Zeitalter, die Epoche der Revolutionen, überbot sich in der Diskreditierung des Zeremoniells wie überhaupt des Formenhasses, bis es an der Schwelle eines sozialen Expressionismus, eines Nihilismus auch der geringsten Reserviertheit erkannte, welche seelischen Werte auf dem Spiel stehen. Für den Abendländer ergibt sich also neuer Zwang zur Verteidigung des Zeremoniells aus Gründen einer Hygiene der Seele. Seine Bewertung, vielleicht Überbewertung der Persönlichkeit zieht folgerichtig die Ausbildung verstärkten Schutzes der Psyche vor Preisgabe, Verletzung und Erniedrigung in der Öffentlichkeit nach sich. Eine extrem individualistisch-sozialistische Gesellschaft muß die Auferstehung des Zeremoniells in irgendeiner Form verlangen und erleben.

Indem ein Zeremoniell feste Regeln für das Verhalten des einzelnen bedeutet und alle individuellen Unterschiede aus seinen Kreisen verbannt, gewissermaßen eine Umprägung der Persönlichkeit in statischer Richtung vornimmt und das flüchtige Dasein zu bleibenden Symbolen verzaubert, in die Zeit den Nimbus der Dauer bringt, macht es sich selbst ohnmächtig, den Wechsel der Kräfte, die andauernden Machtverschiebungen in den Bereich der Irrealisierung einzubeziehen. Diese Einbeziehung ist jedoch gefordert. Denn man darf nicht vergessen, daß das, was einer sein soll und als Funktion, als repräsentative Rolle übernimmt, seiner individuellen Kraft und Begabung Rechnung tragen muß. Für ewig andrängende Mächte muß Spielraum vorhanden sein, elastische, biegsame Formen, Stufen, ein ganzes offenes System von Möglichkeiten und Gewinnchancen, strenger gesagt, von Geltungschancen, damit jede Eigenart auf ihre Kosten kommen kann. Auch muß das System in sich so locker, so umbildungsfähig sein, daß dem schöpferischen Kopf die Erfindung neuer Formen möglich wird, die es dem unendlichen Fortgang und Umschwung des Lebens selber anpassen. Eine Form der Irrealisierung, welche derart die unübersehbaren Prozesse (aus denen erst soziale Beziehungen werden) in ihrer Dynamik berücksichtigt und von den unstet wechselnden Kräftespannungen nicht gesprengt werden kann, eine derartige Sicherungsweise des Nimbuseffekts ist das *Prestige*.

Wie schon aus der Einführung des Begriffs hervorgeht, darf man von ihm nicht eine gleich mannigfaltige Ausprägung in einzelne Kulturformen erwarten, wie sie das Zeremoniell zeigt. Beim Prestige handelt es sich überall in der Welt um dasselbe, es erfüllt, sehr im Unterschied vom Zeremoniell, in allen sozialen Bezügen den gleichen Sinn. Da das Zeremoniell nur eine starre Lebensordnung schafft, die den einzelnen schützt, seinem Selbstbehauptungsstreben, d. h. der ihm von seiner seelischen Natur aufgedrungenen Vereinzelung aber keine Entfaltungsmöglichkeit bietet, muß er danach trachten, seiner Individualität für die Abenteuer des praktischen Lebens ein besonderes, einzigartiges Ansehen zu geben. Ihm wird die Aufgabe, in seinen Handlungen streng darauf zu sehen, daß er das Gesicht wahrt, daß er sich nichts vergibt und nirgends zurückgeht. Eine individuelle Unangreifbarkeit im Gegensatz zur formal-abstrakten, objektiv-regelhaften, wie sie das Zeremoniell verschafft, eine aus der persönlichen Natur stammende, möglichst nicht eindeutig definierbare Kraft wird verlangt, die dem einzelnen Kredit einbringt und die Umwelt an ihn glauben macht. In dieser Wolke gleichsam eines der Person spezifischen Kraftnimbus zieht das Prestige den Plänen und Taten des Menschen voran, Raum schaffend, Achtung gebietend.

Die Bedingung zur Möglichkeit der Prestigewirkung ist die (auch ohne Regel) zustande gebrachte Linie im äußerlich Sichtbaren des Verhaltens. Unwillkürliche Eindeutigkeit, die aus Taten hervorleuchtet und sie nachträglich wie aus einem ehernen Willen hervorgegangen sein läßt, bezwingt immer. Man erzählt sich von Bismarck – von Friedrich dem Großen wird ähnliches berichtet – daß er vor 1864 in einer Gesellschaft beim österreichischen Gesandten in Frankfurt offen seinen Plan einer Einigung Deutschlands unter preußischer Führung entwickelt habe, wie er sie tatsächlich dann durchgeführt hat. Selbst wenn das nicht stimmen sollte, bezwingt die eigenartige Logik in der Verzahnung der drei Kriege und läßt eine divinatorische Gabe bei ihrem geistigen Urheber vermuten, die den Kern seines Prestige ausmacht. Nach der Schlacht bei Tannenberg wuchs das Prestige Hindenburgs ins Ungemessene und ist weder durch Glück noch Unglück, die danach kamen, wesentlich erschüttert worden, weil aus seinen Taten eine Zielsicherheit, eine Willensstetigkeit sprach, die schrankenlos vertrauen machte. Es war nur ein Ausfluß davon, daß man alsbald sagte, der General habe Zeit seines Lebens diesen Plan mit den Masurischen Seen verfolgt. In der Eindeutigkeit ehrt und fürchtet man die Gewalt einer überlegenen Macht, die ihr Ziel unter allen Umständen zu erreichen weiß.

Als Macht zu erscheinen, ist die unerläßliche Voraussetzung jedes Prestige, nirgends sich zu desavouieren und Brüchigkeit zu verraten, die das Bild zerstört, seine Norm. Aber zur Macht gehören Mittel von wirklicher Geltung. Diese Mittel gilt es zu erobern, wenn man in den Genuß des Prestige kommen will. Teils lehrt uns die Kultur den Erwerb und die Mehrung dieser physischen, psychischen, spirituellen Machtmittel kennen, wie dies ja ein spezieller, oft zum Hauptzweck gemachter Seiteneffekt der Wissenschaft ist, teils bedeutet Kultur nichts anderes als eben diesen Kampf um die Geltung im Medium geltender Werte, geistiger Machtmittel über die Geister. Der rastlose Kampf ums Prestige, zu dem der Kampf ums wahre Gesicht sich irrealisiert und verwandelt, ist hier gewiß am schwersten, doch winkt ihm ein höchster Lohn, den er auf keinem andern Kampfgebiet erlangen kann: hier kann er das *Werk* zum Ausdruck seiner selbst machen und das höchste Glück der Persönlichkeit geben und genießen. Die starre Maske irgendeines auswechselbaren Amtes, die den verschiedensten Persönlichkeiten den gleichen Nimbus verleiht, weicht hier dem in eigener, zu dauernder Prägung gebrachter Arbeit erschienenen Gegenbild der Person ihres Schöpfers. Wenn es ihm glückt, wenn er die kompensatorische Form meistert, wenn er das eherne Mittel der Schulen so biegsam zu machen weiß, daß er in die ganze Objektivität seiner Aufgabe die Fülle seiner eigensten Subjektivität einströmen lassen kann, dann erreicht er das Letzte für menschliche Maße, er verleiht dem Unendlichen ungewollt seine eigenen Züge und erweckt auf seinem Gesicht die Erinnerung an das göttliche Antlitz. Hier nur erfüllt sich die tiefste Sehnsucht jeder Seele, unangreifbar greifbar und faßlich zu werden, in der einzigartigen Form ihrer Unendlichkeit zu überzeugender Erscheinung zu kommen. Das Werk allein kann das wahre Gesicht eines Menschen werden, denn es spiegelt nicht sein bloßes Sein, das Residuum gleichsam seiner Existenz, sondern verklärt es im Lichte seiner Möglichkeiten, seiner verborgenen Wünsche und nie offenbarten Natur.

Zeremoniell bewegt sich in äußeren Formen, die gemeinhin vergehen. Es stiftet Regeln und Gebräuche, treibt auf diese Art auch wohl manches Bleibende, doch ohne sonderliche Absicht, hervor. Prestige verlangt nach dauerhafteren Mitteln, es erzeugt, indem es reelle Kräfte mobil macht, ernsthafte Bemühung um die Kraftquellen des menschlichen Daseins, es stiftet Kultur. Das Streben nach Macht, vom Körper dem Menschen aufgedrungen, erscheint in seinem Dienste und der Veredelung fähig. Selbstzerstörerische Anstrengungen auf den Schlachtfeldern physischer Gewalt können in harmonischere Tendenzen gelöst werden, die das Prestigebedürfnis durch Irrealisierung der Person zum Träger einer gesellschaftlichen Funktion befriedigen, durch Objektivierung der Person im Werk sie aus dem wurzelhaften Zwiespalt ihres Selbst erlösen. Der Mensch ist eben homo faber, Erfinder von Werkzeug, Urheber von Zivilisation und Kultur nicht allein aus Hilfsbedürftigkeit oder aus intellektueller Überlegenheit. Aufrechter Gang, das Freiwerden der Hände, Momente, die den Menschen zugleich den Angriffen der Umwelt besonders exponieren, sind nur Seiten eines viel umfassenderen Sachverhalts, dem sich das Verlangen der Seele nach Ausdruck sinngemäß einfügt. Die elementare Begehrlichkeit, zunächst physiologisch verankert, wird von einem reineren Streben aufgefangen und umgeformt. Was dem Machthunger entspringt, findet seinen über den bloßen Sättigungszweck hinausreichenden Sinn, dadurch sein geistiges Rückgrat und eine dauernde

Rechtsquelle seiner Befriedigung in dem Streben des Menschen nach Ausdruck und Geltung: nach Selbstobjektivation.
Form schützt nicht nur, sie engt auch ein, sie hemmt. Bei zufälligen Formen äußerlicher Art mag das als Störung empfunden werden, und insofern als Zeremoniell und Prestige sich irgendwie in künstlicher Weise ausprägen müssen, stellt sich diese Empfindung bei jedem ein. Dagegen liegt auch in ihrem Hemmungscharakter ein bedeutender Wert versteckt. Große Emotionen verbrauchen den Menschen seelisch. Kommen sie häufig, ohne entsprechenden Anlaß, so verflacht der Ausbruch, die Äußerung und die innere Spannung läßt nach. Nicht nur die Umwelt wird gegen ihn, auch der Mensch wird gegen sich selbst abgestumpft, er verliert an Seele. Es ist nicht gut, sich zu sehr sehen zu lassen, wie man ist, auch nicht gut, restlos in einer Expression aufzugehen, die Folgen dieser Preisgabe vor dem eigenen Bewußtseinsblick, vom Blick der anderen ganz zu schweigen, machen sich stets in Ernüchterung und Schrumpfung gleichsam des seelischen Spannvolumens fühlbar und sichtbar. Wir bedürfen der Hemmung um unserer selbst willen, der Verhaltung, der Stauung, um Gefälle zu haben, und diesen bedeutenden Dienst erweisen Zeremoniell und Prestige durch die Rücksicht, die sie von uns verlangen. Der Schrei nach korsettloser Tracht verdient nur bei sehr guten Figuren ein Echo zu finden. Warum sollte es im Psychischen anders sein?
Seele will gemieden werden, nur wo sie sich in etwas verlieren kann, gewinnt sie Kraft und Größe, erfüllt sie ihre Bestimmung. Man könnte es eine Selbstüberlistung der menschlichen Natur nennen, sich zur Erzeugung objektiver Formen im Geltungsstreben zu bringen, das der Seele eine Hingabemöglichkeit an sie, ein Verlieren in ihnen verschafft. Nur ist das Seltsame dabei, daß diese Objektionstendenz des Psychischen ganz erst zur Ruhe kommt, wenn es selbst mit objektiviert worden ist und aus dem Resultat dem Urheber sein eigenes Wesen, obzwar verwandelt und geprägt, entgegenschaut. Alles Psychische braucht diesen Umweg, um zu sich zu gelangen, es gewinnt sich nur, indem es sich verliert. Ein Wesenszug der Liebe, im Geliebten das Gegenbild der eigenen Natur zu meinen, hat darin seinen Grund, der für sich wieder aus

der ontischen Zweideutigkeit des Psychischen verständlich wird. Erst als geltende Größen, die etwas Bestimmtes bedeuten und wert sind oder zu unbestimmter Bedeutung anwachsen können, als Masken mit offiziellen Gesichtern oder als schöpferische Menschen, die ihr wahres Gesicht zur Erscheinung brachten, erreichen die Menschen die gegenseitige Achtung ihrer Würde und bilden in ihrem Geist die Gesellschaft. Der Mensch muß, um sich zu vollenden und mit eigenen Mitteln aus der Verzweiflung seiner Innerlichkeit sich zu erlösen, von der Sphäre der Lebensgemeinschaft in die der Gesellschaft übergehen, um schließlich in der Sphäre der Sachgemeinschaft des Geistes und der Kultur die definitive Ruhe seines Selbstbehauptungsdranges zu finden. Freilich die meisten finden sie nicht und sehen sich einer dauernden Oszillation zwischen diesen drei Sphären überantwortet, wenn sie schließlich nicht aus der Summe und Art ihrer Erfolge und Mißerfolge ihre Begabung erkannt haben und in irgendeinem Dienst sich zu ihrem Sinn bescheiden.

Gemeine Naturen, heißt es bei Schiller, zahlen mit dem, was sie tun, edle mit dem, was sie sind. Hat es aber einen Sinn, dem Glück der letzteren einen Vorzug an objektivem Wert zu geben und soll es den unglücklicheren Naturen, die der charismatischen Qualitäten einer ausgewogenen, anmutigen, überzeugenden Existenz ermangeln, von vornherein verwehrt sein, jenen Rang in der Skala menschlicher Größe, Würde und Tüchtigkeit zu erreichen, welchen die Edlen durch Geburt einnehmen? Es gehörte calvinsche Härte dazu, die Frage zu bejahen. So falsch die Umkehrung ist und so grundlos eine einseitige Schätzung des Verdienstes die Anstrengung und Arbeit an die Spitze der Wertskala stellt, – unser Sinn muß weit genug sein, beider Schicksal gleich zu achten, die Anmut des Edlen und die Würde des charismatisch nicht ausgezeichneten »Gemeinen« im selben Maße zu ehren. Stets wird die schöne Seele, die von Natur große Persönlichkeit, auch wo sie sich nicht durch Leistungen äußert, eine unnachahmliche Wirksamkeit entfalten, wie es verkrachte Genies gibt, denen die Natur keine Begabung und keinen Fleiß verlieh, mit denen sie ihre Genialität fruchtbar hätten machen können, und doch geht von ihnen der Zauber eines

Unerreichbaren, einer Dämonie oder eines seraphischen Wesens aus. Ihr gegenüber ist der an künstliche Kompensation gewiesene Mensch nicht zu bedauern. Er erlebt die Welt reicher, tiefer, blutvoller, indem er sie zu überwinden hat.

Zivilisation ist etwas ganz Flaches, ein System von Hilfen und Ausreden, wenn man ihre Gestaltenfülle auf den armseligen Generalnenner der Befriedigung physischer Bedürfnisse, wie üblich, bringt. Demgegenüber ein idealistisches Gebilde, die reine Kultur, als das Höhere hinzustellen, ist verhältnismäßig billig, doch um so gefährlicher, als der Gemeinschaftsradikalismus an dem Widerspiel der Wertbegriffe Zivilisation – Kultur Unterstützung seiner Antithese Gesellschaft – Gemeinschaft findet. Kultur wird dann ein sentimental-oppositioneller Begriff des zu Höherem bestimmten Menschen, dessen eigentliches Wesen nach Gemeinschaft oder vielleicht sogar nach einer Synthese von Gemeinschaft und Gesellschaft strebt.

Allerdings verschwindet die Armseligkeit dieser Fassung des Zivilisationsbegriffs mit der Erweiterung des Begriffs physischer Bedürfnisse. Der Körperleib ist nicht nur auf Zwecktätigkeiten verwiesen, die aus der Notdurft seiner Organisation kommen, sondern sein Triebleben schießt weit über die Zweckgebundenheit hinaus. Sonst gliche er einer Maschine, die sich in bestimmten vorgeschriebenen Funktionen erschöpft und durch sie gleichsam definiert ist. Als belebtes Wesen dagegen ist in ihm eine Überfülle nicht ausgenutzter Kraft, die nach Tätigkeit verlangt und die sich vornehmlich im Spiel entlädt. Ein elementares physisches Bedürfnis, der Spieltrieb, beherrscht die organische Welt, und selbst die menschlichen Beziehungen tragen, einerlei ob es sich um heitere oder ernste Lebenslagen handelt, diesem Triebe Rechnung, bewußt und unbewußt.

Mithin kann man sagen, gäbe es keine Zivilisation schon aus den einfachsten Zweckmäßigkeitsgründen, so müßte sie um des Spieltriebes willen erfunden werden und würde auch erfunden. Zeigt doch die Analyse der zivilisatorischen Grundhaltungen, Zeremoniell und Prestige, unbeschadet ihrer tiefen Notwendigkeit den ausgesprochenen Charakter der Künstlichkeit, mit der der Mensch sich umgibt. Was aber ist der Sinn des Spieles, wenn nicht die Irrealisierung des natürlichen Menschen zur Trägerschaft irgendeiner Bedeutung, irgendeiner Rolle? In der Tat haben denn auch die radikalen Moralisten dieses Spielerische in der Zivilisation stets erkannt und darum ihrer Gemeinschaftsemphase einen anklägerischen Ton von jeher beigegeben, indem sie die Künstlichkeit, Irrealisiertheit, Maskiertheit des öffentlichen Menschen ins Lächerliche ziehen. Ihr Wertrigorismus ist auf Unerbittlichkeit und Ernst gestellt und ihre Theorie der allein geforderten Direktheit in den Beziehungen von Mensch zu Mensch hat keinen Sinn für die Ernsthaftigkeit der Heiterkeit, für die Schwermut der Grazie und das Bedeutsame der verhüllenden, nichtssagenden Liebenswürdigkeit.

Die Gesellschaft lebt allein vom Geist des Spieles. Sie spielt die Spiele der Unerbittlichkeit und die der Freude, denn in Nichts kann der Mensch seine Freiheit reiner beweisen als in der Distanz zu sich selbst. Eben solche Distanzierung im Geiste wird ihm dadurch ermöglicht, daß eine eigenartige Konformität zwischen dem physisch vitalen Spieltrieb und der dialektischen Dynamik des Psychischen besteht. Indem die Seele die beständigen Anstöße, die nach Entladungen verlangenden Spannungen der leiblichen Daseinssphäre, da sie mit ähnlichen Formen begabt ist, sozusagen auf höherer Ebene auffängt, verhindert sie eine plumpe Überrumpelung durch die Triebe, benutzt vielmehr deren mächtige Energien, um den Menschen als Einheit von Leib, Seele und Geist zu befriedigen. Durch den Funktionswandel des Spieltriebes, der nicht (psychoanalytisch gesprochen) »sublimiert« werden könnte, wenn nicht die höheren Schichten den niederen (trotz Verschiedenheit der jeweiligen Motive für die Dynamik in jeder Schicht) konform wären, durch diesen eigenartigen Funktionswandel des Spieltriebes, man könnte auch sagen durch den Motivwandel der Spielfunktion im Physischen und Psychischen, wird die angebliche Entfremdung zwischen Körper und Geistseele widerlegt, der Dualismus, das Kernargument des sozialrevolutionären Radikalismus, als unwahr zurückgewiesen.

Die Logik der Diplomatie. Die Hygiene des Taktes

Zwingt die Öffentlichkeit den Menschen zu einer bestimmten Physiognomie, gewährt sie ihm den (im Idealfalle begnadeter Produktivität endgültigen) Ausgleich innerer Spannung durch den Stempel einer geistigen Funktion, so wirkt diese Beziehung ihrerseits auf das wirksame Ganze zurück und gibt der Öffentlichkeit damit innere Struktur und äußere Form. In sich weitmaschig genug, um das Fluktuieren des Lebens in allen Schattierungen zu beherbergen und zugleich durch sich hindurchgehen zu lassen, ist Öffentlichkeit das offene System des Verkehrs zwischen unverbundenen Menschen. Dieses offene System des Verkehrs besondert sich zu je eigenartigen Sphären nach Maßgabe bestimmter Wertklassen, zur Sphäre des Rechts, der Sitte und Erziehung, des Staates, der Wirtschaft und des »Verkehrs« im engeren Sinne. Werden also die von Person zu Person unverbundenen Menschen auf diese Weise wieder unter eine gemeinsame Wert- und Sachbindung gebracht, so kann doch daraus keine echte Vergemeinschaftung mehr kommen. Denn es handelt sich hier nicht wie in der Sachgemeinschaft der Kultur um gegenseitige Durchdringung mit Hilfe der Werte, um ihre Erkenntnis, ihre Verinnerlichung, sondern um Ordnung des Verkehrs auf Grund der Werte, die jedoch dafür selbst nicht mehr in den Gesichtskreis des einzelnen zu treten brauchen. Besonders wird das den Menschen im Rechtsleben deutlich. Sie gehen nach innerem Ermessen, dem Billigkeits- und Rechtsgefühl vor und sehen sich daher von der Jurisprudenz und der Rechtspraxis verraten, bedenken aber nicht, daß das Recht als objektive Ordnung zwei Forderungen zu genügen hat, der Forderung nach Gerechtigkeit (Richtigkeit) und der nach Handlichkeit, Durchführbarkeit und Allgemeingültigkeit.

In jeder Sphäre des Verkehrssystems muß dem Gedanken der restlos realisierbaren Ordnung die Gesetzlichkeit des reinen Wertes geopfert werden, denn das Medium, welches sein lauteres Licht ablenkt und trübt, ist die unüberwindliche Unverbundenheit der Menschen in dem Daseinsgebiet zwischen Familiarität und Objektivität. Da es hier nicht angeht, auf ursprüngliche Harmonie oder auf freiwilligen Einklang durch Überzeugung zu rechnen, da zwischen Blut und Sache weder Liebe noch Einsicht die Individuen zusammenführt, muß eine künstliche Übereinkunft an ihre Stelle treten. Ob individuelle oder generelle Regelung erstrebt wird, die Situation verlangt ihren Meister, das fließende Leben mit seinen unendlichen Konfliktsmöglichkeiten eine gültige Ordnung. Jeder Fall liegt anders, genügt also nie einer abstrakten Norm. Situationen verlangen Entscheidung, auch wenn für die eine Richtung der Alternative kein zureichender Grund zu finden ist. Kommt noch hinzu der irrealisierte Charakter des Menschen der Öffentlichkeit, der sein Benehmen eine Linie innehalten heißt, welche der Resultante aus den verschiedenen Rücksichten auf Wert oder Mensch und auf Nimbus entspricht.

Eine zwiefache Gebrochenheit steckt in dem Gebaren der Öffentlichkeit, die Unausgleichbarkeit des Gegensatzes von Situation und Norm und Privatperson und »Amts«person, Mensch und Funktionär. Infolgedessen werden alle Übereinkünfte, die sich in der Öffentlichkeit (in dem von uns bisher gebrauchten Sinne) vollziehen, gleichgültig ob sie den Stempel als öffentliche Handlungen von stellvertretender Bedeutung erhalten oder nicht, nach zwei Seiten künstlich sein müssen: bis zu einem gewissen Grade schematisch und willkürlich und stets der Forderung nach Distanz schaffendem Nimbus genügend. Zweckverfolgende Handlungen von solcher Künstlichkeit heißen *Geschäfte.* Sie haben ein objektives Gesicht, lassen sich von den sie führenden Personen wie feste Dinge ablösen und beurteilen. Ihrer Logik hat sich der Wille zu fügen, wenn er auf gewisse Bedingungen eingegangen ist. Um diese Bedingungen wird am heißesten gerungen, da ihre Festsetzung nicht wieder von irgendwelchen Normen eindeutig abhängig gemacht werden kann. Das sieht man sehr deutlich im Verkehrssystem der Wirtschaft. Schwindet die feste Norm des Geldes, so tritt, wenn kein Wertmesser mehr da ist, Tauschhandel an die Stelle, die Waren werden gegeneinander geboten und die Übereinkunft erwächst als allmähliches Gleichgewicht zwischen Angebot und Nachfrage auf Grund eines natürlichen Schätzungsvermögens und dem gegenseitigen Stärkeverhältnis der Interessen. In anderer Form sieht man es am Verfahren der Gesetzgebung, wie eine Regelung konzipiert wird, erst nachdem sie zum Kampfobjekt der Weltanschauungen, der Interessenten geworden ist.

Erinnern wir uns jetzt daran, daß Öffentlichkeit als Ort der unverbunden sich begegnenden Personen durch Wertferne bezeichnet ist, die freilich nicht Wertfreiheit, sondern die ewig unauflösbare Spannung zwischen Norm und Leben bedeutet. Um konkrete Bedingungen einer unbedingt verläßlichen Ordnung zu erhalten, in deren Schutz jeder seinen Zwecken nachgehen kann, ohne in Kollision mit dem anderen zu geraten, muß ein Ausgleich sowohl zwischen Norm und Leben, also zwischen dem, was menschenwürdig, logisch, sittlich, religiös, ästhetisch notwendig ist, und dem, was die Situation jetzt und hier verlangt, als auch zwischen den Trägern der Lebensinteressen, die über das Menschenwürdige nicht weniger als über das tatsächlich Nötige verschiedener Meinung sind, gefunden werden. Dieser Ausgleich liegt in der Richtung der Resultante zwischen Kräften, die wesensmäßig nur *ungefähr* bestimmbar sind, weil die Rücksichten auf den Zweck des Unternehmens, auf die Forderung der Gerechtigkeit, Anständigkeit, mit einem Wort Wertgerechtheit und schließlich auf die Forderung des Nimbus nach keinem natürlichen Wertmesser harmonieren. Hier setzt, an dem Punkt, Bedingungen einer Übereinkunft zu erreichen, die so zweckmäßig, so anständig und so vorteilhaft wie möglich sind, die Geschäftskunst oder die Diplomatie ein.

In welchem Stockwerk der Öffentlichkeit man auch nachsieht, überall findet sich das gleiche Verhältnis zwischen Norm und Situation, Mensch und Funktionär. Dasselbe Spiel wiederholt sich, ob es sich um große Verhältnisse bei Festsetzung einer Staatsverfassung, eines Friedensschlusses oder um kleinere Dinge wie Fällung eines Gerichtsurteils, Abfassung eines Vertrags zwischen zwei Firmen handelt. Fortwährend wächst das Netz der gegenseitigen Bindungen rechtlicher, wirtschaftlicher, technischer Natur, zugleich aber bieten sich darin immer neue Spielmöglichkeiten, teils neue Bindungen zu schaffen, teils die alten zu umgehen. Sache der Geschicklichkeit ist es, die Übereinkunft zwischen den Kontrahenten maximal einem natürlichen Ausgleich analog, will sagen, so zu gestalten, daß auch ein Ausgleich durch Überzeugung oder durch gegenseitiges Sichverstehen und Einandernachgeben nicht besser, gerechter, gleichmäßiger ausfallen könnte. Sache der Geschicklichkeit ist es schließlich, daß jeder das Nachgeben des Sachgegners maximal nutzt bzw. den Gegner zum Nachgeben zwingt, weil er hier nur mehr der Logik der Geschäftslage, die nach Übereinkunft, nicht nach natürlichem Überzeugungsausgleich strebt, Rechnung zu tragen hat. Eine andere Wertbindung existiert durch die Irrealisierung der Personen zu Bedeutungsträgern oder Funktionären in dieser Öffentlichkeitssphäre nicht mehr. Der Egoismus wird zur ethischen Restforderung, die seiner ungeistigen Überspannung zugleich Grenzen setzt, so daß der primitive, physisch bedingte Eigennutz auf sinngemäße Weise, d. h. seiner blindwütigen Dämonie entledigt, sich auswirken kann. Indem er gezwungen ist, sich zu sublimieren, weil auf das andere Prinzip der Geschicklichkeit Rücksicht zu nehmen, Übereinkünfte möglichst freiwilligen Ausgleichen äquivalent zu machen, bewahrt sich der Egoismus eine Sozialdienlichkeit, die ihm sowohl von den extrem naturalistischen Macht- und Kraftmoralen (den Verteidigungen des Rechts des Stärkeren) als auch von den extrem idealistischen Moralen des reinen Willens und der Unterordnung unter Sittengesetze oder Kulturwerte bestritten wird.

In einer Sphäre ohne Liebe, ohne Überzeugung als bindende Weisen von Mensch zu Mensch gibt es keinen Ausgleich der Gegensätze, sondern nur ihre Vermittlung im Wege des Übereinkommens. Dieser Weg führt hart am offenen Konflikt vorbei, in dem die physische Macht entscheidet. Solche Gewaltentscheidung aber widerspricht der geistigen Natur des Menschen, sie lebt nur so lange als die Gewalt lebt und ist in dem Augenblick null und nichtig, als die realen Mittel der Aufrechterhaltung des erzwungenen Zustandes nachlassen. Seiner Freiheit beraubt, in seiner Würde gekränkt, für Nichts geachtet, bäumt sich der Unterlegene gegen den Sieger auf. Diplomatie ist die Kunst, diesem Prozeß vorzubeugen, dadurch, daß sie die Würde des anderen unangetastet läßt und die Unterlegenheit des Gegners aus seiner freien Entschließung hervorzaubert oder die belastende Siegerrolle objektiven Gewalten zuschiebt. Sie verfolgt die Methode, von jeder Entscheidung die unvermeidlich niedere Herkunft aus dem Wechselspiel von Drohung und Schwäche dadurch wegzudeuten, daß sie ihr das Gesicht eines gerechten und vernünftigen Ausgleiches verleiht. Niedere Diplomatie begnügt sich hier mit der Erzeugung von Illusionen, die vorübergehend für die Beteiligten den Schein wahren, das gegenseitige Prestigebedürfnis befriedigen und wenigstens nichts verderben. Höhere Diplomatie geht weiter auf Erzeugung von Tatsachen, deren Lagerung für die Gerechtigkeit der erzwungenen Lösung beredtes Zeugnis ablegt und ihre Sicherheit und Dauer verbürgt. Sieht man Bismarck als preußischen Politiker, so muß man bewundern, wie er die Ausdehnung Preußens durch Stiftung des Reiches notwendig machte und also gerechtfertigt sein ließ, eine Ausdehnung, die ohne diesen Hintergrund als purer Eigennutz eines Staates erschienen wäre.

Das Cachet soll gewahrt sein. So wenig der Mensch aufgedeckt sein will, so wenig er Erinnerung an das Allzumenschliche erträgt, ebenso flieht er die Erinnerung an das Allzugemeine der brutalen Gewalt, ohne die es kraft der inneren Gesetzmäßigkeit der Öffentlichkeitssphäre einmal nicht abgehen kann. Er verlangt dieser Sinnlosigkeit Sinn zu geben und gerät damit in die Motive, die zur Diplomatie führen. Diplomatie ihrerseits bedeutet das Spiel von Drohung und Einschüchterung, List und Überredung, Handeln und Verhandeln, die Methoden und Künste der Machtvergrößerung, die mit den Künsten der Machtverteidigung und -rechtfertigung, dem Spiel der Argumentationen, der Sinngebung des Sinnlosen innerlich notwendig verbunden sind. Die Durchführung dieses Spiels ist das Element der *Geschichte,* die nur da ist, wo sie kontinuierlich geschieht, und die nur da geschieht, wo sie sich kontinuierlich sieht. Nur um der Diplomatie willen hat der Mensch eine Geschichte, ihre Lebensinteressen sind es, die Kontinuität nach vorwärts und rückwärts verlangen, Sinn des Geschehens in einer

Entwicklung, Rechtfertigungsmöglichkeiten, nach denen aus Gelegenheiten Ereignisse werden.

Ausgleich findet von selbst statt; der Wert schafft ihn im Medium der Überzeugung, die Personen vollziehen ihn im Medium der Liebe. Übereinkommen müssen getroffen sein. Die mittlere Linie ist hier nicht bestimmt, sondern die Resultante teils vorherbestimmbarer, teils nicht vorherbestimmbarer Kräfte. Man muß sie finden, ohne sich auf Normen verlassen zu können. Derartige Verhältnisse bedingen Feilschen, Handeln, Verhandeln. Weil eine richtige Mitte überhaupt nicht da ist, bevor sie gefunden wird, und sich gedanklich alles und jedes so konstruieren läßt, daß es zugleich ein billiges und gerechtes Ansehen besitzt, so kann der Preis, der Gleichwert, der Ruhezustand nur aus dem Wechselkampf von Bietungen, Forderungen und Gegenbietungen erarbeitet werden. In festen Bezirken des täglichen Lebens wird dieses Gesetz nicht so fühlbar, weil hier jedes Ding durch rechtliche Ordnung und Tradition, durch den dauernden Umsatz und die Eingespieltheit aller Beziehungen aufeinander eine annähernd feste Systemstelle bekommen hat. Gelangen wir aber an die Grenzen des täglichen Lebens und lockern sich seine verfestigten Relationen, so sieht es gleich anders aus und die Wirksamkeit des Gesetzes tritt in deutlichere Erscheinung. Der Staat schränkt seine Wirksamkeit ein, indem er es regelt. Wo aber seine rechtliche Sphäre aufhört, wo die souveräne Macht keine Chance mehr hat, sich durchzusetzen, und zwar in dem Maße, als sie an Chance verliert, tritt der Zwang zum Feilschen und Handeln als erstes Erfordernis eines Übereinkommens hervor.

An und für sich ist dies ein unendlicher Prozeß, der nur unter Druck beendet werden kann, wie er mit List geführt sein muß. Ohne Drohung, sei sie auch nur latent, gibt es kein Übereinkommen. Jeder wird dem anderen deutlich machen, ihm sei an der Einigung nicht so viel gelegen, daß er sich durch den bloßen Wunsch danach schon gebunden fühle. Jeder wird darauf mit Drohungen irgendwelcher Art antworten, die ihm ein Nachlaufen hinter dem anderen ersparen und den Kontrahenten bei der Stange halten, Drohungen freilich von möglichst sachlichem, im Zweck des Geschäfts und in seiner Lage begründetem Gewicht. Dieses Spiel mit gleichen Mitteln zwingt zur List, wenn die Methode des Drucks erschöpft ist. Zwar gilt es für niedrig, einen zum besten zu haben, ihm etwas vorzumachen, um etwas aus ihm herauszuholen, wenn kein wirklicher Zwang vorliegt oder mit Lügen operiert wird. Solange Aussicht besteht, jemanden zu überzeugen, ist Überlistung verwerflich. In der Öffentlichkeit jedoch hat Überzeugung keinen Platz mehr. Ihre Vorgänge vollziehen sich zwischen irrealisierten Funktionsträgern, die ihr Gebaren nicht nach dem Gesinnungswert, sondern nach der geschäftlichen Bedeutung beurteilen.

Drohung und List respektieren die Freiheit des einzelnen, solange sie diplomatische, also nicht nur zulässige, sondern vom Geist der Öffentlichkeit geforderte Verkehrsmittel bedeuten. Sie werden Erpressung und Lüge, wenn sie den einzelnen von vornherein vom Gebrauch seiner Freiheit abschneiden. Der Unterschied ist entscheidend, ob wir im Verlauf des diplomatischen Spiels mit gleichen Mitteln, die auch dem anderen zu Gebote stehen, und auf der Ebene der gleichen Respektierung menschlicher Freiheit ihn soweit durch Strategie und Taktik in die Enge treiben, daß er sich für besiegt erklärt, oder ob wir mit spielfremden Gewaltmitteln vielleicht auch durch Vorspiegelung falscher Tatsachen, es gar nicht zur Entfaltung des Spiels kommen lassen. Es ist sozialethisch gefordert, im Geschäft einen in die Wehrlosigkeit hineinzuoperieren, dagegen ein Verbrechen, statt der Logik des Spiels die nackte Gewalt dabei anzuwenden, mag es sich hundertmal um Existenzfragen handeln. Alle öffentlichen Relationen beruhen auf dem Prinzip der Gegenseitigkeit. Jeder gibt dem anderen so viel Spielraum, als er selbst beansprucht, erst aus dem Gegeneinander der einzelnen Maßnahmen darf sich die Vergrößerung des einen Spielraums auf Kosten des anderen entwickeln. In jedem Augenblick haben auf diese spielgerechte Weise die Gegner Verfügungsgewalt über sich selbst, bis die Logik der Tatsachen entschieden hat. Gemildert wird dadurch die Härte der Lebensgegensätze nicht, nur die Gefahr eines gewaltsamen Ausgleichs auf Kosten der menschlichen Würde gebannt. Denn Seele und Geistigkeit des Menschen verlangen, daß auch der Kampf auf Leben und Tod in Formen verläuft.

Im öffentlichen Leben durchschaut jeder den anderen, allerdings nicht so sehr darin, wie er ist, als was er will, denn die individuelle Menschlichkeit ist hinter der Maske verschwunden, nur noch die irreale Funktion bleibt im wesentlichen wirksam. Und ob alle auch verschiedenes zu tun haben, weil das Ganze Arbeitsteilung braucht, so wollen sie doch in einer gewissen Hinsicht alle dasselbe, sie müssen es wollen nach dem Gesetz des von der Sozialstruktur der Öffentlichkeit geforderten Egoismus: ihren größtmöglichen Vorteil. Öffentlichkeit ist damit zum genauen Gegenbild der natürlichen Verhältnisse zwischen Menschen geworden, sie besteht aus lauter gleichen Wesen, nicht weil sie einander, sondern für einander gleich sind, während in Wirklichkeit jeder von dem anderen verschieden ist, selbst wenn er ihm gliche, weil einer dem anderen rätselhaft bleiben muß. Zur Kompensation für diese Uniformierung stattet die Gesellschaft ihre Funktionäre mit den allerverschiedensten Beziehungen aus, sorgt für ein differenziertes Ansehen und jene zarte Instrumentation durch Zeremoniell und Prestige, die das Einerlei des Kampfes um Sieg, Macht, Ruhm und Glanz des Lebens abwechslungsreich und spannend gestaltet. Denn welche Drohung ist schwerer zu bannen als die Langeweile, welche Kunst schwerer auszuüben als die Satten hungrig zu machen?

Umsonst mühen sich die Verfechter einer ausschließlichen Gemeinschaftsdienlichkeit der menschlichen Seele darum, die Verantwortung für das Auseinandertreten der Individuen in die öffentliche Distanziertheit äußeren Umständen, ihrem massenhaften Dasein, der Körperlichkeit ihrer Existenzform in die Schuhe zu schieben. Umsonst versucht die Ethik das vom Geist der Öffentlichkeit diktierte Benehmen moralisch durch seine ausschließliche Herleitung aus bestimmten Geschäftszwecken oder aber sich selbst durch strengen Ausschluß dieses Benehmens zu retten und dann mit einem Achselzucken den Dualismus zu empfehlen: die Welt ist eben nicht anders. Es gibt keine Logik der Öffentlichkeit, die sich dem Willen des einzelnen aufzwingt und unter der manch einer zusammengebrochen ist, ohne tiefere Verankerung im Ethos der

Achtung menschlicher Würde. Hätte der Mensch an seinem Herzen, an seiner Seele ein gleich vereinheitlichendes Besitztum wie an seinem Geist, so wäre es ihm wohl möglich, den leibbedingten Egoismus einfach systematisch zu reglementieren, ihm gewisse Genußquanten zuzubilligen und das Individuum in die schöne Gleichung eines sozialen Harmoniesystems einzukalkulieren, wie das alle Utopien tatsächlich ausmalen. Dann stünde der Aufrichtung eines Geisterreichs auf Erden, der endgültigen Überführung aller isolierten Gewaltzentren in die Gemeinschaft nur noch der böse Wille entgegen und die gesellschaftliche Lebensordnung könnte man als Kompromiß, Notdach, Übergangsstadium betrachten. Durch seine von innen, seelenhaft bestimmte Eigenart ist dem Menschen diese Perspektive verwehrt und nur ein Zeitalter, das die Seele zu einem wissenschaftlich und beobachtungsgemäß definierbaren Komplex von Erscheinungen machte, naturalistisch und experimentell, konnte eine Ethik des Gemeinschaftsradikalismus als Weltanschauung seiner geistigen Führerschichten ertragen. Geist wird von einem individuellen, unvertretbaren, sich wenigstens so wissenden Seelenzentrum erfaßt und wirkt auch so allein auf die physische Daseinssphäre. Diese Einzigartigkeit ist es, die ihn nicht in Ruhe läßt und allen Konstruktionen und Harmoniesystemen einen Strich durch die Rechnung macht. Hier sitzt der Keim des Willens zur Macht, weil von hier aus jene tiefen Antagonismen vorbrechenden, nach Äußerung und Erscheinung verlangenden und auch wieder sich zurückziehenden, Äußerung, Erscheinung, Gesehenwerden fliehenden Seelentums in Bewegung gehalten werden, die den Menschen, will er sich nicht zum Opfer bringen, zur Irrealisierung, zum Schutz des anderen wie seiner selbst in dem Nimbussystem der Distanziertheit zwingen. Freilich, was man nicht des Schutzes für wert hält, braucht man nicht zu schützen. Nur das große Aufgefordertsein zur Achtung der individuell geprägten Menschenwürde, nur das Ahnen des Letzten, dem zu nahe zu treten Existenzfrevel wider die Existenz ist, die tiefe Empfindlichkeit im Kern jeder Seele, und das heißt im Herzen der Welt, zwingt zu diesem Schutz und fundiert also die Logik der Öffentlichkeit.

Für gewöhnlich sieht man die Dinge umgekehrt, wie es heißt realistischer, in Wahrheit jedoch nur naturalistischer und mechanischer. Man läßt die Lebensnotdurft den Kampf ums Dasein, diesen die List, zu den Futterplätzen zu kommen, und schließlich die Futterplätze das Zwecksystem der Geschäfte, die Struktur der öffentlichen Verhältnisse begründen. Auf diese Weise opponiert man Lebensnotdurft gegen sittliche Prinzipien, Triebsystem des Leibes gegen Wertsystem des Geistes oder, da der Geist zum Intellekt verflacht wird und der Intellekt schließlich das beste Instrument des Leibes ist, der Seele. Ein derartiger Dualismus hat von jeher bedeutenden Deutschen auch staatsmännischen Instinktes, zuletzt noch Bethmann-Hollweg, Max Weber und Rathenau, im Blut gelegen. Politik war ihnen etwas, und ihr größter Ahn in dieser Haltung ist Luther, was man mit weinender Seele tut, weil der Zwang des Körpers und die Logik des Geistes es kategorisch gebieten. Auch Bismarck, bei dem allerdings das Blut des Junkers, des Reiters und Draufgängers zum Glück den Ausschlag gab, kannte diesen Bruch zwischen Mensch und »Drecklinie« im Diplomaten und Staatsmann. Solange ein Volk mit schlechtem Gewissen seine Politik macht, solange sozusagen dem guten Geschäft ein gebrochenes Herz eo ipso beigesellt wird, darf es einen nicht wundern, daß die Anständigen mit Politik nichts zu tun haben wollen und die Politik sich der Deprimiertheit ihrer Staatsmänner und Diplomaten allmählich würdig erweist. Erst weint man bei der Politik, weil sie gut, dann über sie, weil sie schlecht ist.

Bloßes jeu d'esprit ist es also nicht, legt man sich die Frage vor, ob denn die Seele wirklich ohne diese kalte Luft der Diplomatie, ohne diese Logik der Öffentlichkeit, ohne diese Masken des Nimbus und der Künstlichkeit atmen könnte. Gebe man doch Rechenschaft endlich einmal darüber, ob diese romantische Meinung von der Zivilisationsfeindschaft des menschlichen Herzens ganz konsequent ist, ehe durch ihren betörenden Schein die Menschen schwächlich gestimmt werden. Nicht jeder paßt in das Format eines tragischen Helden, beißt die Zähne aufeinander und sagt sich: du mußt durch als aufrechter Mann; eher wirft er verzweifelt die Last, sei's auch nur in Gedanken, von sich und verschreibt sich dem Heldentum der Schwäche.

Einer ernstlichen Prüfung hält die romantische Zivilisationsflüchtigkeit, der Formnegativismus der Seele gar nicht stand. Wenn nicht schon das Leben, der Leib, der Intellekt dafür sorgten, daß es Geschäft und Öffentlichkeit, Amts- und Berufspflichten geben muß und tausend Rücksichten auf allen Wegen zu nehmen sind, so müßte die Seele um ihrer und der anderen Seelen Selbstachtung willen eben diese Öffentlichkeit und Geschäfte, eben diese distanzgebietenden Ämter, Berufe, Tätigkeiten, eben dieses Zeremoniell des Werktags und des Feiertags, die Macht der Künstlichkeit, alles was das Gesicht wahrt, erfinden und hätte, wie auch gezeigt wurde, die Kraft dazu. Man hat leicht reden, Kultur und Zivilisation verstrickten und deformierten das menschliche Herz, tiefinnerst brenne in einem jeden die zarte Flamme der Sehnsucht nach einem Jenseits von Zivilisation und Gesellschaft. Nur für eine im Netz der Gesellschaft bereits verfangene Seele gälten die Antagonismen, aus denen sie sich durch Irrealisierung (außer wo Liebes- und Überzeugungsgemeinschaft sich bilden) befreite. Vielleicht ist es so, vielleicht lebt im Menschen eine letzte Erinnerung oder eine erste Hoffnung auf Menschlichkeit, die in präexistenten oder postexistenten Zuständen verwirklicht war, verwirklicht sein wird. In dieser Welt ist es nicht so und soll es nicht anders sein. Hier bleibt der Seele nicht nur keine andere Wahl, wenn sie einsam den Weg der Selbstbehauptung gehen will, sondern die Erfüllung aller Werte, in der sich der Mensch emporläutert, fordert von ihr in Freiheit den Entschluß, durch Selbstopferung oder durch Selbststählung, durch Kunst der Irrealisierung nach den Gesetzen dieser Welt zu siegen.

Das versteht sich wie von selbst angesichts aller spielenden Beziehungen, die keiner Logik des Geschäfts gehorchen und über deren Ordnung unmeßbar, unberechenbar der Takt entscheidet. Denn Gesellschaft heißt auch Geselligkeit. Die starren Funktionen der Ämter und Berufe, die Rüstungen der Öffentlichkeit fallen hier nicht in die Waagschale. Zu anderen Spielen leichteren Stiles sieht sich der Mensch aufgefordert, zu einer unhörbaren Diplomatie der alles und nichts sagenden Liebenswürdigkeit, die besänftigt und doch die Spannung nie ganz löst, weil sie im Ungewissen läßt. Im Anwendungsbereich einer Kultiviertheit der Andeutung, einer Kultur der Verhaltenheit, zeigt der reife Mensch erst seine volle Meisterschaft. Direkt und echt im Ausdruck ist schließlich auch das Tier; käme es auf nicht mehr als Expression an, so bliebe die Natur besser bei den elementaren Lebewesen und ersparte sich die Gebrochenheit des Menschen. Wo finden wir noch solchen Ausdruck reinsten Jubels, reinster Trauer als bei einem Hunde, wo solchen Adel der Haltung als beim Pferde, wo solche göttliche Gewalt als im Haupt des Rindes? Lachen und Weinen des Menschen, sein Mienenspiel erschüttern erst da, wo sie die Eindeutigkeit der Natur und des Geistes hinter sich gelassen haben und von jener Unfaßlichkeit umwittert sind, die den Abgrund ahnen läßt, ohne ihn zu öffnen. Im Indirekten zeigt sich das Unnachahmliche des Menschen.

Aber es gibt nicht nur eine Ästhetik des Versteckenspiels. In ihm liegt tieferer Sinn, bittere Notwendigkeit, wenn Menschen unverbunden, ohne Kontakt der Sache und des Blutes, miteinander auskommen wollen. Ihr geselliger Verkehr vollzieht sich, wenn auch unter Beobachtung der Gesetze des Zeremoniells und des Prestige, doch nicht unter Zuhilfenahme jener massiven Distanzmittel, welche das geschäftliche Leben braucht. Sucht sich der Mensch doch gerade vom Geschäft und der Last der Irrealisierung und Abstrahiertheit zu erholen, wenn er in Gesellschaft geht. Erholen aber unter Menschen, die er nicht kennt, entspannen in einer Atmosphäre ohne Vertrautheit, wie ist das möglich ohne eine Kunst des Nichtzunahetretens, des Nichtzuoffenseins? Die gordische Knotenlösung: ganz so zu tun als ob man zu Hause wäre, Fach zu simpeln, die Unterhaltung an sich zu reißen und allein zu reden oder sich auszuschließen und bloß die andern zu beobachten, ist knotenhaft, aber keine Lösung. Erst wenn man sich in die Gefahr begibt, andere zu verletzen und von anderen verletzt zu werden, erst wenn man diese Schwierigkeiten zu meistern versteht, fühlt man die Frage.

Nun erleichtert eine Etikette des Salons die Bewältigung dieser

Probleme, indem sie wenigstens den faux pas unwahrscheinlich macht. Kommt jedoch nicht der sichere Takt hinzu, der jeden Menschen auf individuelle Weise zu nehmen und gewissermaßen im Dunkeln seinen Weg zu finden weiß, so hat man das öde Salonlöwentum, jenen wie geschmiert gehenden Formalismus von Tadellosigkeit und Unterhaltung, mit dem die Menschen des kleinsten Formates Leute gleichen Schlages zu bluffen pflegen. Takt ist das Vermögen der Wahrnehmung unwägbarer Verschiedenheiten, die Fähigkeit, jene unübersetzbare Sprache der Erscheinungen zu begreifen, welche die Situationen, die Personen ohne Worte in ihrer Konstellation, in ihrem Benehmen, ihrer Physiognomie nach unergründlichen Symbolen des Lebens reden. Takt ist die Bereitschaft, auf diese feinsten Vibrationen der Umwelt anzusprechen, die willige Geöffnetheit, andere zu sehen und sich selber dabei aus dem Blickfeld auszuschalten, andere nach ihrem Maßstab und nicht dem eigenen zu messen. Takt ist der ewig wache Respekt vor der anderen Seele und damit die erste und letzte Tugend des menschlichen Herzens.

Aus dieser Fremd- und Selbstachtung der Individualität folgt das wichtigste Symptom des Taktes: die Zartheit. Sie ist das einzige Mittel, den geselligen Verkehr möglich und angenehm zu gestalten, weil sie nie zu nahe noch auch zu ferne kommen läßt. Alles Ausdrückliche, jede eruptive Echtheit wird vermieden. Unwahrheit, die schont, ist immer noch besser als Wahrheit, die verletzt, Verbindlichkeit, die nicht bindet, aber das Beste. In dieser Sphäre sollte es weder Gut noch Böse, weder Wahr noch Falsch, sondern nur die Werte des Wohltuns, die Hygiene größtmöglicher Schonung geben. Nur der barbarische Mensch läßt sich von Schmeicheleien belügen, von Höflichkeiten umnebeln und schimpft dann auf die verdorbene Welt. Versuchen wir uns bloß einen Augenblick den Verkehr einander kaum bekannter Personen vorzustellen, die sagen wollen, was sie denken oder gar voneinander vermuten. Nach kurzem Zusammenprall müßte sich Weltraumkälte zwischen sie legen.

Natürlich führt es zu Komplikationen raffiniertester Art. Die Sphären des Lebens laufen ja nicht so säuberlich getrennt wie die

Kapitel über sie. Wo fängt eine Geselligkeit an, wo hört sie auf? Wo geht sie in Geschäftlichkeit über? Wo beginnt die Vertrautheit der Gemeinschaftskreise, wo ist es uns erlaubt, zu entspannen und auf Güte, Liebe, Verständnis und Einsicht zu bauen? Wenn es uns der Takt nicht sagt, sind wir verraten und verkauft. Tastend, sichernd, das Gesicht wahrend, doch nie mit zu schwerem Geschütz, ohne Überheblichkeit – dem sicheren Zeichen der Schwäche –, ohne Aufdringlichkeit, offen, doch nie ohne Reserve, bestimmt, doch biegsam, liebenswürdig, doch nie kriechend –, jeder kennt diese Oszillationen, deren Schwingungsweite über die Würde, das Ansehen, den Wert des Menschen in der Geselligkeit entscheidet.

In ihrer unbestimmt weiten Sphäre, die in alle sozialen Beziehungen hineinreicht und gewissermaßen in besonderer Verdichtung als geselliges Zusammensein erscheint, gelten allein die Hygienewerte des Taktes, begründet in der Verletzlichkeit des Psychischen, abgestimmt auf die Unabsehbarkeit individueller Differenzen im sozialen Milieu. Die Vorbedingung freilich für die Wirksamkeit der Hygiene ist die vollendete Unmerklichkeit ihrer Anwendung. Nirgends hat das Tassowort mehr Wahrheit: man merkt die Absicht und man wird verstimmt. Natürlichkeit gehört nicht weniger zum Takt als Zartheit. Echte Grazie, eine aus dem Herzen kommende Ursprünglichkeit und Wärme, Notwendigkeit allein gibt den adäquaten Untergrund für die Heilwirkung taktvollen Benehmens. Wo wir Gekünsteltheit herausfühlen, sehen wir auch gleich Beliebigkeit, es so und vielleicht auch einmal anders machen zu können, und die nur verdeckte Ferne des anderen beleidigt uns doppelt, wenn sie uns nicht gleichgültig läßt. Besser allerdings als mit taktlosen Leuten zu verkehren ist dann die Einsamkeit, obwohl sie vom Menschen viel verlangt. Langes Schweigen macht die Stimme rauh, die Zunge schwer. Wer aus Verzweiflung an seiner Umwelt immer mehr sich in sich selbst zurückzieht, verstärkt die Hemmungen, mit denen er sich nach außen verbarrikadiert. Aber das Psychische kennt nicht Außen und Innen, und so errichtet der Einsame Barrikaden gegen sich selbst. Verhärtung, Verknöcherung, allerhand Seltsamkeiten prägen den Einsiedler, den Hagestolz, der, gegen die Welt zugeschlossen, schließlich nicht mehr den Weg zu sich selber findet.

Die Weisheit des Taktes: Schonung des anderen um meiner selbst willen, Schonung meiner selbst um des anderen willen, ist der Rechtsgrund – so paradox es klingt – für die grundlosen Zwischenspiele unseres gesellschaftlichen Lebens, für das absolut Überflüssige, mit dem wir das bloß Erträgliche angenehm, spannend und reich gestalten. Mit der Entwicklung einer technischen Welt, die ihr eigenes Tempo, ihren Telegrammstil und Zeit nur noch zum Geldmachen hat, droht die Kultur des scheinbar Überflüssigen den sogenannten Notwendigkeiten geopfert werden zu sollen. Gegen diese Tyrannei der Maschine wird sich die Seele zur Wehr setzen, selbst wenn es das Leben nicht tut, und sie wird mit Gründen verteidigen, was das Leben nur aus seinem Überschwang verlangt: Reichtum des Daseins an Möglichkeiten zwischen Mensch und Mensch. Denn Takt ist die Kunst der inneren sozialen Differenzierung, von der freilich kein äußerlich sichtbarer Niederschlag bleibt, die ohne starre Mittel der Künstlichkeit im bloßen Wechselverkehr der Personen sich entfaltet. So viel Raum, so viel Zeit muß immer da sein, wenn der Mensch Herr oder wenigstens Kind bleiben und nicht Knecht im Hause werden soll.

Worin die Geltungssphäre des Taktes sich von der Geltungssphäre der Diplomatie unterscheidet, ist mit ein paar Merkmalen bestimmt. Diplomatische Beziehungen spielen zwischen irrealisierten Personen, Funktionären, »Beamten«, Geschäftsleuten irgendwelcher Art. Taktbeziehungen spielen zwischen natürlichen Personen. Dort ist Ziel das Übereinkommen, das auf dem Hintergrund der Alternative Sieg oder Niederlage als Resultante gegeneinander gesetzter Kräfte erwächst. Hier ist das Ziel der Ausgleich, die Balance, und zwar eine durchaus labile, weil der Unterstützungspunkt den Schwerpunkt der Situation über sich hat, weil es an Normen für die Verankerung der individuell verteilten Gewichte fehlt. Taktlos ist, wer seine Macht, seine Überlegenheit fühlen läßt, wer nach vorgefaßten Meinungen, irgendwie zurecht gemachten Bildern andere Menschen behandelt und beurteilt, taktlos ist der Seelentaube, Seelenblinde, der Monomane, der jeder Gelegenheit nur sich oder das absolute Nein entnimmt. Gemeinsam ist beiden Geltungssphären der Situationscharakter, die Gebundenheit an eine so nie wiederkommende, unvertretbare und unrubrizierbare Lage, welche keine andere Forderung an uns stellt als genommen und beherrscht zu sein. Diplomatische Situationen entstehen und lösen sich zwischen irrealisierten Funktionären oder Geschäftsträgern nach den Gesetzen der Taktik und Strategie, Zug um Zug. Taktsituationen entstehen und lösen sich zwischen natürlichen Personen auf Grund außerrationaler, unmerklicher Vorfühlung und unter sorgfältiger Innehaltung der Distanz. Takt bedeutet Erkundung nicht unmittelbar gegebener, weil sorgfältig dem Blick der Welt verborgener Eigenschaften, die Fernfühlung, Ferntastung unmerklicher, aber aufschlußreicher Dinge im dauernden Umschwung der Lagen des sozialen Milieus, die Witterung für den anderen Menschen und zugleich die Fähigkeit, es ihn nicht merken zu lassen, die Gedämpftheit im Ausdruck.

Industrialismus ist die Verkehrsform, Expressionismus die Kunst, sozialer Radikalismus die Ethik der Taktlosigkeit. Der Schrei nach körperlicher Hygiene, der schon mit Oberlicht und gekachelten Wänden zufrieden ist, paßt trefflich zu einer Kunst, die ohne Umstände auf das Wesentliche losstürzt, zu einer Moral der rücksichtslosen Aufrichtigkeit und des prinzipiellen sich und anderen Wehetuns. Solche Werte gehören einer Kultur der Seelenlosigkeit, die nur mit Ponderabilien und Eindeutigkeiten fertig werden kann, weil sie, von allem anderen ganz abgesehen, keine Zeit mehr für die Nuancen hat. Materialistisches Naturbild, Entseelung und Entgeistung des Leibes, Deklassierung der natürlichen Erscheinung und ihrer schlichten Wirklichkeitsmaße, Outrierung infolgedessen der von den körperlichen Grenzlinien losgerissenen Innerlichkeit, Purismus, Rigorismus und Weltfeindlichkeit der sittlichen Prinzipien, Sittengesetzfanatismus und Eindeutigkeitsverehrung, pharisäische Pathetik der unbedingten Echtheit im Ausdruck und ausschließliches Geltenlassen der Schrankenlosigkeit – alles Symptome der gleichen Geisteshaltung des gehetzten und nichts so sehr als die Unwesentlichkeit verachtenden Maschinenmenschen. Ob Kapitalist oder Kommunist, dieser Mensch kennt nur die Sa-

che, Werte, und wo kein Wert zu sehen ist, da gilt ihm nichts, da lohnt es sich ihm nicht. Dieser Mensch will objektiv Geltendes, als solches Anerkanntes und Umsetzbares zur Grundlage seines Lebens haben, und schaut er auch noch so stolz auf den Nützlichkeitsethiker, die Moral des Erfolges, der Zweckmäßigkeit und der größten Lust herab von seiner idealistischen Position einer Erfüllung der Normen um ihrer selbst willen, er ist und bleibt doch nur Pedant, der entgolten, bezahlt werden will, sei's auch mit dem himmlischen Manna der ewigen Werte.
Wahrhafte Güte handelt umsonst, grundlos, aus Überfluß der Liebe und bedarf nicht der Verankerung in einem Gut, in einem Wert. Der Rekurs auf die Norm begrenzt nur negativ die ethische Sphäre, bestimmt nur jenes Moralische, das sich von selbst versteht. Die Ethik sollte sich nicht immer bei ihren Minimalforderungen aufhalten, da es um größere Dinge geht, die allein im Geist des Luxus und, wenn man so sagen darf, im Enthusiasmus entschieden werden können, da es allerkleinste Dinge gibt, für deren Maße kein Wert mehr zulangt. Zollt man Bewunderung, wenn ein Mensch aus der erhabenen Grundlosigkeit überströmender Weltfreude sich verschenkt, so sollte man Achtung ihm auch da erweisen, wo die bedeutungsvolle Zartheit des Taktes die Vorbedingung der Gemeinsamkeit schafft. Grundlosigkeit ist ein Wesensmoment des Taktes. Wie bildete er sonst die Richtschnur unseres Benehmens in den wertäquivalenten Situationen der Alltäglichkeit? In allen Lagen, die nicht nach Gründen alternativ behandelt werden können, bleibt uns keine andere sittliche Maxime.
Unsere moralische Haltung leidet an einer Überbetonung der Gesinnung, des Gewissens und der innerlich erfaßbaren Werte. Man kann nicht nur das Leben nicht dauernd gewissenhaft, gesinnungshaft leben, man soll es auch nicht. Der Mensch hat ein Recht dazu, den Instinkt, die irrationalen Erkenntnisquellen und alle Imponderabilien in seinem Verhalten eine Rolle spielen zu lassen, er hat geradezu die Pflicht, dem Reichtum auch *der* Kräfte seiner Natur Raum zu geben, die nicht von der Vernunft, von Geist und Werten und Sittengesetzen und Prinzipien gezügelt werden können. Es gibt eine Aufgefordertheit durch die Gewalt der konkreten Situa-

tion, durch die Gegenwart alles dessen, was mit ihm lebt, der er nach eigenen Gesetzen entweder der Diplomatie oder des Taktes zu genügen hat, es gibt eine Pflicht zur Gesellschaft und zur Geselligkeit, zu der er auch von Natur befähigt und gestimmt ist. Nicht alles, wozu wir uns gedrängt fühlen, was wir aus dem Überschwang, dem Spieltrieb des Lebens begehren, ist uns sittlich verwehrt. Gesellschaft und Geselligkeit rufen sämtliche Energien des Menschen gleichmäßig wach und bieten die Möglichkeit höchsten Einklangs zwischen dem, was physische Bedürftigkeit, geistige Geschicklichkeit und seelische Empfindlichkeit, jede auf ihre einseitige Art und nach anderen Gesetzen, doch wie auf Verabredung in gleicher Richtung hervorbringen.

Diplomatisches und taktvolles Benehmen, in Wirklichkeit unzertrennlich, der Idee nach geschieden, bezeichnen die Weisen des Verhaltens des Menschen in der Öffentlichkeit, je nachdem, ob es Geschäfte zu machen oder nur einfachen Verkehr ohne Zweck, Unterhaltung um der Entspannung und Erhöhung des Lebens willen zu pflegen gilt. Beides greift unausgesetzt ineinander, und nur wieder das Taktgefühl und die Sorgfalt der Beobachtung disponieren den Menschen, die richtige Haltung im öffentlichen Leben einzunehmen. Der große Irrtum des Radikalismus liegt hiernach klar zutage, der Angriff und Verteidigung bloß durch die physische und intellektuelle Natur des Menschen begründet sein läßt, die Seele, das Gemüt aber als Hort und Stätte der Friedensprinzipien, schrankenloser Hingabe und Widerstandslosigkeit, emphatischer Brüderlichkeit ansieht. Auch das Herz, die Innerlichkeit verlangt Distanz, Klugheit, Kampf. Jede Schicht unseres Wesens ruft nach Spiel und Gefahr.

Die Utopie der Gewaltlosigkeit und die Pflicht zur Macht

> Das irdische Imponierende und Ergreifende, was mit menschlichen Mitteln für gewöhnlich dargestellt werden kann, steht immer in Verwandtschaft mit dem gefallenen Engel, der schön ist, aber ohne Frieden, groß in seinen Plänen und Anstrengungen, aber ohne Gelingen, stolz und traurig. Bismarck

Im engen Umkreis seines täglichen Verkehrs lernt der Mensch schneller zu resignieren und den Gesetzen der Verwirklichung, den Rücksichten des Taktes und den Geboten der Diplomatie gehorchen, als in dem weiten Umkreis des Lebens der Völker untereinander. Wie zum Ausgleich für die Verbannung des Traumbildes einer unverzüglichen oder allmählichen Umwandlung des gesellschaftlichen Milieus in eine Gemeinschaft aus seinem persönlichen Gesichtskreis steht darum das Traumbild einer gewaltlosen Einigung aller im Geiste der Brüderlichkeit an seinem politischen Horizont.

Isoliert kann der Mensch nur im Ausnahmefall existieren. Durch seine Natur sieht er sich auf soziales Dasein angewiesen. Der Körper verlangt nach Geschlechtsgenuß und Hilfe, der Geist nach Austausch, die Seele nach Resonanz und Hingebung. In der Masse spielt sich das Leben ab, in der Mehrzahl einander verwandter Personen, die durch denselben Siedlungsraum, dieselbe Sprache, die gleichen Werkzeuge, durch Heiraten untereinander und Güteraustausch zu einer teils blut-, teils sachhaft gearteten Gemeinschaft zusammengeschlossen sind. Diese Atmosphäre umfängt jeden mit dem Augenblick seiner Geburt und entläßt ihn erst im Tode.

Variabel sind Umfang und Struktur der Atmosphäre. Es hat Zeiten gegeben, wo es nicht so wichtig war, ob man Deutsch oder Italienisch sprach, und das Zugehörigkeitsgefühl zur abendländischen Christenheit im Vordergrund stand. Doch spielten dann für diesen zu weiten Luftraum die Stadt, das Lehnsverhältnis, Kloster und Orden eine die wesentlichen Vertrauens- und Mißtrauensverhältnisse begründende Rolle. Die Epoche der Nationalstaaten, in ihrem Entstehen durch Rückgang der Obergewalt der Kirche, in ihrer krisenhaften Ausbildung durch Entwicklung der modernen Verkehrstechnik bedingt, die relativ große Räume in kleine verwandelt, hat zwar die Grenzen des Zusammengehörigkeitsgefühls bis zu den Grenzen der Sprachgemeinschaft hinausgeschoben, isoliert aber die einzelnen Menschen durch die abstrahierende Künstlichkeit eben dieser Technik auf viel engerem Raume voneinander als je zuvor.

Auf Grund dieses Wechselverhältnisses im Umfang der Vertrautheitssphäre, in der wir noch warm werden, ohne an das allen Menschen Gemeinsame appellieren zu müssen, und der des primären Mißtrauens, wo wir selbst mit diesem Appell keine Wärme erzeugen, ist es klar, daß irgendeine Gemeinschaft natürlichen Vertrauens konstant bleibt, auch wenn sie keinem sozialen Gebilde (Volk, Rasse, Nation, Dorf, Stadt, Staat, Geschlechterverband, Familie, Sippe, Clan, Stamm, Klasse, Kaste, Berufsverband) ohne weiteres gleichgesetzt werden darf. Immer wird es primäre Einbettungssphären geben, weil die menschliche Person als Einheit von Körper, Seele und Geist auch drei entsprechenden überpersönlichen Zonen zugeordnet sein muß, die ihr individuelles Gepräge in Sprache, Sitte und Arbeit nach dem Gesetz eines Kulturstils, einer besonderen Art Menschlichkeit geltend machen. Deutschen Geist als Stilgedanken aller Deutschen hat es gegeben, bevor er zum Rechtfertigungsprinzip einer politischen Organisation wurde, und wird es geben, wenn der Nationalstaatsgedanke unter den Einflüssen von Industrialismus, Technik und Rassenmischung längst verblaßt sein sollte, solange noch ein Herz für ihn schlägt und blutwarme Menschen sich ihm verbunden fühlen. Ob der deutsche Mensch dann aus ihm seine politische Korporationsform noch herleiten wird, wissen wir nicht. Die soziale Verfestigungsform der Vertrauenssphären wechselt im Lauf der Geschichte, nur das Bedürfnis, etwas zu haben, worin man untertauchen, aufgehen, auftauen, warm werden kann, was dem Resonanzverlangen unserer Person Befriedigung gewährt, das bleibt.

Für diese Befriedigung muß der Mensch opfern, ist aber auch zu jedem Opfer bereit. Er entäußert sich seiner Verfügungsgewalt über sich bis zu einem oft lebensgefährlichen Grade, um in Gemeinschaft existieren zu können und den Kreis der Gemeinschaft, den Raum des Vertrauens gegen den beständig drohenden Einbruch der Gesellschaft, den Raum des Mißtrauens und Kampfes um Selbstbehauptung, zu sichern, ja zu erweitern. Nun läuft dieser Raum nicht sozusagen außen um die Sphäre der Gemeinschaft herum, sondern durch sie hindurch. Der Tod, sagt ein russisches Sprichwort, wohnt nicht hinter den Bergen, sondern hinter den Schultern. Das gilt auch von der Sphäre der Gesellschaft. In uns selbst liegen neben den gemeinschaftsverlangenden und gemeinschaftsstützenden die gesellschaftsverlangenden, distanzierenden Mächte des Leibes nicht weniger wie der Seele, in jeder Sozialbeziehung wartet die eine, wenn noch die andere gilt, auf ihre Erwekkung.

Die Opferung, in der er sich seiner unmittelbaren Freiheit über sich und was ihm anhängt, entäußert, in der er seine Gewalt an einen, der für die Gemeinschaft bestimmt und trägt, delegiert, ist der *Staat,* ein Verfahren, die gesellschaftliche Lebensordnung mit der gemeinschaftlichen ohne Einbuße an einer von beiden in dauernder Form zu verknüpfen. Der Staat ist ein Verfahren und keine Substanz, ein offenes System von Vorkehrungen, die Forderungen der Öffentlichkeit aus ihrer Unabsehbarkeit und Unbestimmtheit herauszuheben und dem Gemeinschaftsverlangen jedes Menschen, seinem Naturrecht auf Wärme und Vertrauen anzugleichen und die Gefahr beständiger Reibungen und Beeinträchtigungen der beiden Sphären zu bannen. Staat ist systematisierte Öffentlichkeit im Dienste der Gemeinschaft, Inbegriff von Sicherungsmaßnahmen der Gemeinschaft im Dienste der Öffentlichkeit.

Die Methode dieses Ausgleichs zwischen den von der menschlichen Natur gleichmäßig getragenen Forderungen nach Rückhaltlosigkeit und Verschlossenheit ist das *Recht,* in dessen Idee das Billige, was einem natürlichen Ausgleich durch Überzeugung, Stimme der Einsicht, Stimme des Herzens entspricht, und das Gerechte, das Ausgewogene, was einem Übereinkommen aus verschiedenen Kräfterichtungen als schließliche Resultantenlage äquivalent ist, vereinigt werden. Jede Sphäre hat ihre spezifischen Entscheidungsinstanzen, die Gemeinschaft regelt sich nach Einsicht und Liebe, die Gesellschaft nach spielgerechtem Kampf und Takt. *Zwischen* den Sphären führt keine Brücke, sie gehorchen nicht wieder einer dritten übergeordneten Gesetzmäßigkeit. So muß der Mensch, was nicht von selbst geht, auf künstliche Weise regeln, er muß Normen geben, wo keine sind, freilich unter ständiger Leitung durch die Stimmen, die ihm aus beiden Sphären zugetragen werden, durch das Gewissen, das innere Schätzungsvermögen, die Hingabe *und* durch den faktischen Stand des Kräftespiels der Interessen. Auf der imaginären Schnittgeraden von Gemeinschaftskreis und Gesellschaftskreis liegt das Recht als die ewig in Wandlung begriffene Einheit von Gesetzgebung und Rechtsprechung.

Voraussetzung des Rechts ist die Souveränität, das Prinzip, wonach sich der Staat selbst trägt, worin er sich begrenzt, wodurch er besteht. Schneiden wir nicht die Frage an, ob auch nichtsouveräne Staaten möglich sind. Keine Einheit einer Verfassung ist denkbar ohne Einheitsprinzip, kein Gesetz ohne Anspruch auf Geltung, keine Ordnung ohne faktisch respektierte Gewalt, kein Respekt ohne Gegenstand, der sich Achtung zu verschaffen weiß. Mag es in Wirklichkeit schwer sein, zu entscheiden, ob der oder jener Staat diesen Ideenkomplex erfüllt; der Ideenkomplex selbst ist klar. Wie immer man sich das Zustandekommen derartiger politischer Ordnungen auf besiedelten Territorien vorstellen mag, sie selbst sind ihrem Sinne nach einer Abgabe von Verfügungsgewalt jedes einzelnen über sich an eine Zentrale, die letztlich entscheidet, äquivalent.

Entscheidung muß sein. Ohne daß irgendwo und irgendwie tatsächlich so und nicht anders vorgegangen wird, daß überhaupt gegangen wird, ist weder das Leben des Einzelmenschen noch die Gemeinschaft nur einen Augenblick vorstellbar. Führung muß sein, und diese Führung einer Initiativgewalt, welche von sich aus sich in Bewegung setzt, wird zwangsläufig Inhaber der höchsten Gewalt, wird Souverän, Herr, wenn eine Mehrheit von Menschen, die sich zusammengehörig wissen, eine Ordnung bilden wollen.

Sie wird die »Stelle«, welche über den Ausnahmezustand entscheidet (Carl Schmitt), wenn die Ordnung *Rechts*gültigkeit und nicht bloßen Notverordnungscharakter erhalten soll. Sie wird infolgedessen wegen dieser Ordnung der Punkt, bis zu dem die Rationalisierung des sozialen Lebens nicht mehr hindringt und in welchem die ursprünglichen, irrationalen Entscheidungen der lebendigen Einzelpersönlichkeit wieder ausschlaggebende Kraft gewinnen. Diese Wiederkehr des Menschen auf höchster Stufe gesellschaftlicher Abstraktion, diese Unterstellung des Ganzen unter irrationale Lebensgewalt um seiner inneren Rationalisierung willen erweckt Hoffnungen auf Umbildung der Politik im gemeinschaftsethischen Sinne. Und ist doch zugleich das stärkste Gegenargument gegen die Utopie.

Denn Mehrheit von Menschen bedeutet Mehrheit von Standorten, Blickweisen, Ansichten, also Zeitverlust beim Ausgleich der Verschiedenheiten, der seinerseits notwendig ist, um die Initiativgewalt zu entbinden. Zweierlei aber steht der Wahrscheinlichkeit eines schließlichen Ausgleichs entgegen: der irrealisierte Charakter der Personen in der Öffentlichkeit und der irrationale Charakter, die Unabsehbarkeit der Wirklichkeit. Ein Kongreß von Physikern kann – idealiter – über eine Frage einig werden, denn er hat Prinzipien der Eindeutigkeit im Verständnis der Frage, ihrer Untersuchung und der Sicherheit ihrer Entscheidung insofern, als die Wirklichkeit, irgendein Verbrennungsvorgang etwa, selbst als ausschlaggebendes Mittel in einer alternativen Problemstellung fungiert. Die Wirklichkeit, mit der es der Praktiker zu tun hat, kann nie derart methodisch präpariert, zur Entscheidung alternativ zugespitzt werden, weil damit überhaupt der Boden der Praxis verlassen und der der Betrachtung, die künstlich isoliert, sich Zeit läßt und zurückgezogen das Phänomen zerstückt, betreten wäre. Praxis heißt gerade das Fertigwerden mit den Dingen im Medium flüchtigen Ungefährs und auf Grund einer nicht methodisch eindeutig gemachten Erfahrung, eines nur individuell graduierten Erfahrungstaktes. Praktische Tüchtigkeit ist das eben wesensmäßig nie risikofreie Zupacken, dem ein gewisses Glück günstig sein muß, wenn es gehen soll. Es kann also ein Kongreß von Politikern, selbst wenn er wollte, gar nicht durch gegenseitige Überzeugung zur Einhelligkeit als dem Prinzip der Entbindung der Initiative gelangen, nicht nur weil er aus irrealisierten Funktionären, d. h. nicht mehr aus überzeugbaren, der Einsicht *prinzipiell* aufgeschlossenen Wesen besteht, sondern schon darum, weil der Gegenstand seiner Urteile und seines ganzen Benehmens ein praktischer ist. Wie Bismarck es ausdrückt: »Es entsteht in jedem Kollegium, wenn eine Sache zu Ende kommen soll, mitunter die Notwendigkeit, zuletzt Kopf oder Schrift darüber zu spielen, wie es sein soll, – so notwendig ist es, daß einer da ist, der schließlich sagt: So soll es sein!« Schon dieser Wagnischarakter in Entscheidungen öffentlicher Art genügte, um die Handlungen nach den Grundsätzen größter Sicherheit und nicht nach den Prinzipien des Vertrauens in die Vernunft auszuführen.

Eine unbedingte Gewähr dafür, daß auch in Wirklichkeit die Menschen dementsprechend vorgehen, liegt allerdings erst im Bewußtsein, im Zwang der Verantwortung, für andere zu handeln. Zur Entbindung der Initiative eines Ganzen von vielen Personen sind diese gezwungen, in irgendeiner Form und sei es auch unter Einbauung von allerhand Sicherungen gegen möglichen Mißbrauch, die Gewalt an eine Person abzutreten und sie mit der Vertretung des Ganzen zu beauftragen. Der Mann des Vertrauens – und wir sagen nicht, daß dieses Vertrauen unbedingt der Bestätigung durch ein Wahlverfahren bedürfe, aus dem er hervorgeht – hat in seinem Benehmen nicht nur die allgemeinen Brechungsgesetze der Öffentlichkeit zu beachten, sondern überdies noch die Verantwortung für andere zu tragen. Als politischer Führer ist der Mensch also in doppeltem Grade irrealisiert, er ist etwas, bedeutet etwas, stellt etwas dar in zweiter Potenz, weil er nicht nur eine Funktion *im* Ganzen, sondern *für* das Ganze erfüllt und im Namen des Ganzen handelnd das Ganze verkörpert.

Jeder weiß aus eigener Erfahrung, wie eine Verantwortung den Gang des Benehmens beeinflußt. Haben wir nur für uns selbst zu sorgen, so lassen wir es wohl darauf ankommen. Wir leisten uns den Luxus, selbst in schwierigen geschäftlichen Situationen an die Einsicht, an das Herz des anderen zu appellieren, überdenken wohl auch nicht immer, wie unser Gebaren sich in anderen projiziert, wir sind waghalsiger, denn wir wissen, daß den Eventualschaden nur der daran Schuldige erleidet. In dem Maße aber, als wir für andere zu sorgen haben, fangen wir an, nach dem Prinzip der größten Sicherheit vorzugehen, weil die ewige Drohung des die anderen unverschuldet treffenden Schadens über jeder Entscheidung schwebt. Wenn schon nach dem Irrealisierungsgesetz der Öffentlichkeit der Egoismus zur ethischen Restforderung wird, wenn dadurch, daß sich die Menschen hinter Masken, ihren Funktionen oder Bedeutungen, verbergen müssen, eine Egalisierung entsteht, eine Zurückschraubung jedes einzelnen bis auf die unerläßlichen Forderungen seiner Existenz, bis auf die puren Vorteilstendenzen, in denen jeder jedem gleicht, so darf der Führer, in Namen und Auftrag handelnd, erst recht nicht von dieser Konstante abweichen. »Man muß« – sagt Bismarck – »sich zur Voraussetzung machen, daß der andere ebenfalls nichts suche als seinen Vorteil. Darum – keine Hingebung!« Denn durch die Übertragung der Vollzugsgewalt an ein Gremium von Personen und schließlich an nur eine Person, die als realer Mensch nach individuellem Ermessen entscheiden soll, steigert sich der Zufälligkeitsgrad aller Umstände ins Unendliche. Aus der Logik der Situation heraus eine augenblickliche Lösung zu finden, zu erraten, was morgen sein wird, in den fragwürdigen Fragmenten der Gegenwart mit Glück Kopf oder Schrift spielen, das heißt eine Aufgabe, der wir uns nur nach stärkster Reduzierung des Risikos unterziehen dürfen.

Weil er einen Menschen von Fleisch und Blut sucht, stellt sich der Staat unter einen Führer, nimmt ihm aber mit dieser Unterordnung alle Rechte auf unmittelbares Sichgewährenlassen, auf Menschlichkeit. In der Politik soll er die menschlichen Eigenschaften des Mutes, der Klugheit und der Unerbittlichkeit zeigen, ohne das Recht zu ihren Ergänzungen haben zu dürfen, zu Aufrichtigkeit, Vernünftigkeit und Milde.

Darin liegt der Kern des Widerspruchs, der die Politik in manchen Momenten zu einem tragischen Gesetz des Menschen werden, unlösbare Konflikte zwischen Privatmoral und Amtsmoral entstehen läßt. Dort heißt es, ehrlich sein und jeden Menschen als Zweck an sich selbst betrachten, hier heißt es, klug sein und jeden Menschen als Mittel verwenden. Mit der Auskunft, es handelte sich in beiden Fällen eben um verschiedene Sphären, die ethisch gleichberechtigt und je nach Lage der Dinge zu respektieren sind, ist unser Verstand befriedigt, unser Herz nie. Wie man uns tausendmal sagen kann, daß die Wölbung der Meeresoberfläche für uns am Ufer nur ein durch die Lichtbrechung hervorgerufener Schein ist, und wir trotz unserer Einsicht diese Anschauung nicht verlieren, so werden wir als Menschen nie jene Antinomien des Herzens, die Trugbilder des Gewissens, des inneren Auges loswerden können, wenn wir auch noch so mit unseren Gedanken darüber hinaus sind. Immer sind wir ein Ganzes, das in jedem seiner Teile, in Raum und in Zeit, als Ganzes wirksam sein will. Die Einheit der Person bäumt sich gegen jeden Wunsch auf, ihr ein Leben nach den Einteilungen der Analyse anzusinnen.

Alle sozialen Beziehungen entfalten sich so vom Menschen aus, um im Menschen zu münden. Um seiner lebendigen Persönlichkeit, um seiner unvertretbaren Wirklichkeit willen zahlt er den Preis der Irrealisierung, Maskierung, Funktionalisierung, nimmt die ganze Sphäre der Künstlichkeit, der Mechanisierung und der Umständlichkeiten auf sich und erkauft selbst ein Raffinement komplizierter Befriedigung mit der Übernahme zweckloser Bedürfnisse. Für ihren Glauben, ihre Einrichtungen und Sitten unterziehen sich Genossen einer primären Vertrautheitssphäre der Last staatlicher Organisation, entsagen einem unbestimmt großen Teil ihrer Freiheit und natürlichen Würde und beugen sich als Mittel unter einen höheren Zweck. Und doch endet schließlich alles im Menschen, an den die höchste Gewalt übergeht, endet in seiner irrationalen Individualität, in seinem Charakter, Temperament, Schätzungsvermögen, in seinem Willen. Ob Staatsrat, Ministerium, Parlament, absoluter Herrscher – einer macht es, geschoben wohl, gezogen wohl, den Bewegungen der Massen irgendwie folgend, doch immer von sich aus treibend, ein Zentrum der Initiative, ein Übergewicht auf den immer wieder equilibrierten Schalen der Waage des Schicksals.

In diesem Zwang zur Delegation der Vollzugsgewalt an eine Person, und zwar um den Preis des Lebens jeder Person im Kreis von Personen, liegt die Quelle jener ewigen Illusion unseres Herzens, jener unzerstörbaren Utopie der gewaltlosen Einigung aller Menschen in einer Gemeinschaft. Zugleich besitzen wir in diesem Zwang den Angelpunkt des Gesetzes der Politik, wonach solche gewaltlose Einigung nicht nur unmöglich ist, sondern im Interesse der Menschenwürde aller, für sich und im ganzen genommen, als erniedrigend, selbstzerstörerisch und desorganisierend verhindert werden muß, so daß man von ihr mit besserem Recht als Moltke vom Ideal des ewigen Friedens sagen kann: ein Traum und nicht einmal ein schöner. Der Zwang zur Führung ist die Pflicht zur Macht, die höchste unter den profanen Pflichten eines der Welt, die Gottes ist, freudig dienend hingegebenen Lebens. Sie begründet das Recht des Staates und der Kirche, das Recht zu Machtgewinn und Machtgebrauch, zur Aufrichtung und Verteidigung der gesellschaftlichen Lebensordnung gegen den ewigen Aufstand der Vernunft und des Herzens.

Als der Reichskanzler v. Bethmann-Hollweg in den ersten Augusttagen 1914 jene Erklärung über den Einmarsch deutscher Truppen in Belgien abgab, die ihn als ein Unrecht hinstellte, versündigte er sich gegen den Geist, aus dem er, dieser Mann, überhaupt berufen war, von der Tribüne etwas für Deutschland Bindendes zu erklären. In solcher Eigenschaft war es ihm verwehrt, Urteile zu fällen, die des Geschichtsschreibers Sache sind. Um so schlimmer für ihn, wenn er mehr als seine Ansicht, mehr als die Ansicht eines Volkes, wenn er hätte die Wahrheit sagen wollen. Er hatte nicht die Freiheit, seine Meinung zu sagen, sondern er war angewiesen, die Geschäfte zu führen. Wer zu den höchsten Entscheidungen und Würden gelangt, die der Staat zu vergeben hat, und dann noch glaubt, sich den Luxus der Gewissensharmonie eines Rentiers leisten zu können, verdient vielleicht menschliches Mitleid, aber keinen Zoll mehr ernst genommen zu werden. Wenn es eine historische Wahrheit gibt, dann gehört Vergangenheit dazu, sie zu ermitteln. Und mag ein Politiker, ein Kabinett, ein ganzes Volk sogar mit schlechtem Gewissen sich versündigen, Obliegenheit der verantwortlichen Wortführer bleibt es, die eigene Position durch ebenso richtige Gegengründe zu stärken, die fremde zu schwächen.

Bethmann glaubte, nach Analogie eines Verhaltens, das erfahrungsmäßig in dem Verhältnis von Mensch zu Mensch, Auge in Auge wirkungsvoll zu sein pflegt, auch politisch vorgehen zu dürfen. Allerdings entwaffnet es den anderen immer etwas, wenn der Angreifer ihm sagt: ich tue dir unrecht, weil ich nicht anders kann, aber du sollst entschädigt werden. Hier schwingt noch zwischen ihnen das unmittelbar Verbindende, das die Offenheit Erfolg haben läßt. Ganz so wie es menschlich Achtung abnötigt, wenn ich meinen Anklägern und Verleumdern zum Beweis meines guten Willens den Schreibtisch auch auf die Gefahr hin öffne, daß Belastendes dabei herauskommt; und je mehr derartiges herauskommt, desto anständiger quand même erscheint die Selbstdecouvrierung.

Politisch wird ein derartiges Gebaren einfach sinnlos, weil ihm der Resonanzboden in anderer Persönlichkeit fehlt. Zu wem sprach Bethmann? Zu Belgien, zu Frankreich, zur Welt? Wer ist Belgien? Ein Territorium, eine Verfassung, Kultur, Tradition, viele Menschen, König, Minister, Gesandte. Muß sich irgend jemand von diesen so angeredet fühlen, daß er betroffen die Hand sinken läßt und sich sagt: das klang ehrlich? Wer bürgte den Belgiern für die Ehrlichkeit des Bethmannschen Wortes, das einer Sphäre dient, welche die Menschen nur mit Visier und Klinge betreten? Über eine derartige Distanz hin erhält jede Äußerung, ob sie will oder nicht, politischen Wert, verliert jeglichen Ausdruckswert, auch wenn sie als Ausdruckswert, als Ehrlichkeit im menschlichen Sinne, genommen sein will. Wie nach den Gesetzen der optischen Perspektive das Entferntere kleiner als das Nähere erscheint, so reduziert sich nach den Gesetzen der sozialen Perspektive der durch sein Amt, seine Vertretereigenschaft irrealisierte, in größtem Abstand von den Menschen lebende Mensch auf das Minimalformat des puren Geschäftsmannes. Alle seine Äußerungen bekommen taktisch-strategischen Charakter. Metternich gab diesem Gesetz klassische Prägung, als er, im Besitz der Nachricht: Talleyrand ist tot, anwortete: was wollte er damit sagen?

Emile Ollivier, jener unglückliche Minister, unter dem Frankreich

1870 Deutschland den Krieg erklärte, tat es nach seinem Wort mit leichtem Herzen. Dieses leichte Herz haben ihm die Franzosen nicht vergessen. Bethmann, nicht weniger unglücklich, ging in den Krieg mit schwerem Herzen, ein umgekehrter Ollivier; besser gemacht hat er dadurch aber nichts. Sehr weise schrieb damals eine englische Zeitung, nicht so sehr der Einmarsch, als das öffentliche Eingeständnis seines Unrechts sei ein Verbrechen gewesen, nicht nur gegen sein Land, sondern gegen die öffentliche Moral. Unrecht tun, ist verzeihlich; aber es eingestandenermaßen tun, bedeutet für das öffentliche Bewußtsein einen Akt der Schamlosigkeit. »Entrüstung ist kein politischer Begriff«, schrieb Bismarck einem räsonnierenden Assessor an den Rand des Aktenstückes.

Deutschlands Niederbruch kann nicht auf einzelne Handlungen zurückgeführt werden. Aber ein entscheidender Stoß ist von jener tragischen Verwechslung zwischen Gemeinschaftsmoral und Politik ausgegangen, auf die man als typische Entgleisung um ihrer großen Wirkung und auch der Gestalt des unglücklichen Mannes willen, der sie verschuldete, immer hinweisen soll. An ihm sieht man, wie große Bildung, hohes Pflichtgefühl, untadelige Gesinnung, ernstes Streben mit absoluter Instinktverlassenheit in politicis vereint sein kann, an ihm sollten die Deutschen besonders die Gefahren ihres Naturells und die Wahrheit des Bismarckschen Wortes erkennen, wenn erst einmal ein Kanzler aus der »Ochsentour« käme, dann würde Deutschland was erleben. Es ist dem Flötisten nicht erlaubt, sich die Stimme vor Erregung verschlagen zu lassen, wenn er das Erschütternde zu verkünden hat. Er dient dem Orchester nur, wenn er richtig bläst. Die Freuden, die Tränen sind des Publikums. Auch in diesem Sinne: plectuntur Achivi.

Es steckt in dem Wort, der Staatsmann trage eine Verantwortung vor Gott und der Geschichte, tiefe Wahrheit. Nicht so sehr, weil von seinen Entschließungen das Wohl und Wehe ungezählter Menschen abhängt, sondern eher, weil er keine Instanz mehr über sich hat, die er fragen kann. Darum bedeutet jeder Schritt für ihn Wagnis, Versuch, Einsatz im fürchterlichen Spiel, wo keine Ewigkeit ihm je zurückbringt, was er von der Minute ausgeschlagen. In der Verpflichtung auf den καιρός, den rechten Augenblick, ist der

Politiker nur Exponent allgemein menschlichen Schicksals, in der Verantwortung, in der Explosivkraft seiner Minuten steht er unvergleichlich allein, begrenzt an Macht vielleicht der Auswirkung nach, aber nicht in der Möglichkeit ihrer Entfesselung. Das Übermaß der Freiheit, die Überkonzentration von Sprengstoff im politischen Führer zwingt ihn, sich wieder zu binden durch Ergebenheit in den göttlichen Willen, damit er entlastet von ihm seinen höchsten Auftrag empfange. Nur dieser letzte freiwillig vollzogene Akt der Selbstbindung an göttlichen Auftrag, zur Verantwortung vor dem Absoluten, gegen das er unmittelbar grenzt, erhält ihm die innere Sicherheit und Zucht, wenn die Forderungen der Taktik und Strategie das Äußerste von ihm, die Vernichtung des Feindes, verlangen. Denn ohne Vernichtung, zum wenigsten als Drohung, gibt es keine Politik, wie es kein Recht gibt ohne Vernichtung der Freiheit.

Politik ist immer für eine besondere Lage spezifizierte Diplomatie. Sie braucht also Geschichte, d. h. Einheit des sinnvollen Zusammenhanges zwischen ihren augenblicklichen mit ihren vergangenen Entschlüssen, wie sie selbst, indem sie vergeht, zur Geschichte wird. In *dieser* höchsten Konzentration gibt es nur eine politisch-militärische Geschichte und keine Kulturgeschichte.

Weite Strecken kulturellen Lebens sind vergangen, ohne sich darum zu kümmern, die Menschen dachten an ihre Pläne, aber sorgten sich nicht um Verkettung der Zukunftsgestaltung mit den vergangenen Geschehnissen, und gerade naiv-urkräftigen Epochen ist dieser Wesenszug eigen. Junge Völker haben zuerst kaum historisches Bewußtsein, also kaum Geschichte, sondern Mythen. Erst wenn sie an die Grenzen ihrer Möglichkeiten gekommen sind und zu resignieren beginnen, setzt es ein. In dem Maße als die Produktivität erlahmt, wendet der Mensch sich rückwärts, um neue Quellen zu graben, Rückhalt an Rechtfertigung, an Begründungen seiner Existenz zu finden. Im Alter werden die Schritte kleiner, die Vorsicht größer, und die Macht der Vergangenheit sucht man sich als Bundesgenossen zu gewinnen. Alternde Epochen zeigen diese Symptome des Historismus progressiv am ganzen kulturellen Leben. Kunst und Wissenschaft haben immer größere Mühe, sich von dieser Erstarrung in der Retrospektive loszureißen. Der Politik dagegen wird sie zum konstitutiven Moment, weil sie der Reife des Menschen, seinem entwickelten Gefühl, seinem völlig geweckten Rechtfertigungsbedürfnis entspricht. Je empfindlicher die Menschen für kriegerische Entscheidungen werden, um so höher schätzen sie die ritterlichen Künste des diplomatischen Spiels ein, das dem Appell an die nackte Gewalt soviel wie möglich zuvorzukommen, den offenen Vernichtungskampf Mann gegen Mann auf der Basis Tier gegen Tier soweit als irgend möglich hinauszuschieben sucht. Auch der Künstler, der sich an Vorbildern schult oder im Sinne eines Fortschritts schafft, lebt in der Geschichte und macht Geschichte. Doch sie braucht ihn nicht, wie er sie nicht braucht, weil Künstlertum nicht abhängig von einer gleichmäßig auf Zukunft und Vergangenheit bedachten Bewußtseinseinstellung ist. Politik dagegen ist flüssige Geschichte, heißt Geschichte machen, weil sich im Rechtfertigungszusammenhang mit gewesenen und künftigen Geschlechtern wissen.

Bloßes Versinken in der Vergangenheit bringt noch nicht Geschichte hervor. Ein neuer Akt der Beziehung auf die Gegenwart, eine Verknüpfung in der Gegenrichtung des Vergehens muß hinzukommen, eine teleologische Perspektive vom Effekt her zum Effekt hin. Denn der Politiker weiß, daß jede Situation aus Gefahrpunkten besteht, wo Kopf oder Schrift gespielt sein will, und sucht sich gegen das demoralisierende Bewußtsein, in einer Sphäre absoluten Zufalls zu stehen, genau so zu wehren, wie er es gegen das Bewußtsein seiner Willkürmacht durch freiwillige Bindung an eine Verantwortung Gott gegenüber tut. Das Prädominieren der Schlachten und Staatsaktionen in der Geschichtschreibung hat also einen inneren Grund, denn nur sie geschehen im Element der Geschichte, nur ihre Entscheidungen nehmen Rücksicht auf einen Entwicklungssinn der Ereignisse. In der Politik, so sagte Bonar Law bei seiner Ehrenpromotion an der Universität Glasgow, kommt es nicht auf die Ereignisse, sondern auf die Gelegenheiten an. Man kann den Satz dahin ergänzen, daß Politik eben die Kunst ist, aus Gelegenheiten Ereignisse zu machen und im Element einer unausgesetzten Willkür mit den tatsächlichen Mächten, Triebkräften, d. h. in den Grenzen des Möglichen, einen Sinn hervorzubringen.

Deshalb liegt auch kein Ereignis in der Geschichte ganz eindeutig fest, selbst wenn das Quellenmaterial und seine Ausleger, was zwar nie der Fall ist, ein vollständig lückenloses Bild ergäben. Das Ereignis ist immer noch eine Funktion der werdenden Geschichte, und welchen Weg sie nimmt, wirkt auf sein Aussehen, sein Gewicht, seinen Wert zurück. Das Napoleonswort in dem berühmten Gespräch mit Goethe über die Tragödie: »Die Politik ist das Schicksal«, wäre sonst eine Übertreibung. In der unergründlichen Mischung von Freiheit und Gezwungenheit, in der Tatsache, daß es die Stunde gleichsam an sich trägt, wenn sie genützt sein will, daß es eine Forderung des Tages gibt und *doch* wieder soviel Beliebigkeit und Zufall und Blindheit im Geschehen, liegt der Zwang zur Verantwortung des Staatsmannes vor diesem teils realen, teils imaginären Komplex aus Gewesensein und Entwicklungssinn, vor dem Forum der Weltgeschichte.

»Flectere si nequeo superos Acheronta movebo.« Mut zur Sünde verlangt die Menschheit von ihren Führern. Mit der Wirklichkeit rechnen heißt mit dem Teufel rechnen. Und mit dem Teufel rechnen, ohne ihm zu verfallen, ohne zu entarten, ist eine schwere Kunst, das wahre Problem einer Ethik nicht der einfachen Negation der Widerstände gegen die Forderungen der Ehrlichkeit, Überzeugung und Liebe, sondern einer Ethik des Ausgleichs, der wahren Mitte. Ihr größtes Beispiel ist die christliche Kirche und ewig denkwürdig die Aufzeigung des Problems in dem Gespräch zwischen Christus und dem Großinquisitor in den Karamasoffs von Dostojewski. Das Gesetz dieser Welt, welche der Schwerkraft der Öffentlichkeit unterworfen bleibt, auch wenn der Erlöser in ihr erschienen ist, verlangt die paradoxe Selbstnegation des Inquisitors, der um den Preis der Ordnung das Herz der Ordnung an seiner Existenz verhindern muß, der, ungeheuerlich es zu denken, weil er an Christus, den Erschienenen, glaubt, Christus, den Erscheinenden, zu opfern entschlossen ist. Denn keine größere Gefahr für die Herrschaft Gottes auf Erden als ein Aufstand des Herzens um seinetwillen.

Aber Dostojewski entscheidet sich nicht. Irdische Logik und himmlische Liebe stehen gegeneinander, unversöhnbar, es sei denn in der Kirche oder durch abermaligen Opfertod, durch Stiftung der zweiten Kirche. Zwischen dem Gesetz der Öffentlichkeit und der Bereitschaft zur Rückhaltlosigkeit gibt es keine Vermittlung, ist nichts, freilich das positive Nichts, das Nichts der Freiheit. Hat Christus denn nicht Macht, die Menschen zu sich zu zwingen, er, der Sohn Gottes? Christus schweigt. Die göttliche Barmherzigkeit siegt wohl über jede Logik, doch niemals durch sie, wenn nicht das Organ im Menschen erweckt ist, Gott zu empfangen. Im freien Willen soll die Hinwendung zum höchsten Gut vollzogen werden. Daran eben, an dieser Fähigkeit, die Kraft und Schwäche sein kann, scheitert die Idee der Aufrichtung einer unmittelbaren Herrschaft Christi über die Herzen auf Erden. Stände der Mensch nicht im Indifferenzpunkt von Gut und Böse, so wäre die Rede des Großinquisitors nichts als Gottlosigkeit und machiavellistischer Frevel. Doch hat die christliche Wahrheit, indem sie dem Menschen das Geschenk der Freiheit brachte, ihn in das Bewußtsein einer ungeheueren Möglichkeit gesetzt, der er sich nur durch einen gleich ungeheueren Akt freiwilliger Bindung an die Offenbarung würdig erweisen kann. Und zunächst spricht ebensoviel dafür wie dagegen, daß er sich bindet und die Erde für Gott gewonnen wird. Ein zweites Erscheinen Christi –, konnte es ihr leichter gemacht sein?

Das Dogma hat eine ganz bestimmte Antwort auf die Frage, warum bei einem derartigen Versuch keine Gleichmöglichkeit zum Guten wie zum Schlechten besteht, so daß wir nicht auf das Gelingen des Guten ebensoviel vertrauen dürfen als auf das Gelingen des Bösen. Das Christentum erkennt dieses herabziehende Moment in der Erbsünde, in der eigenartigen Dauertendenz des Menschen zum jeweilig Niederen, in der seinem Wesen einwohnenden Niedertracht. Eben diese Deklination von der Normallage seiner Natur ist daran schuld, daß man den Effekten des freien Willens eine größere Wahrscheinlichkeit zum Wertfeindlichen und Wertschwächeren zuerkennen muß.

Und doch will uns scheinen, hat der Großinquisitor noch aus

einem anderen Grunde recht. Selbst wenn diese unleugbare Niedertracht, der Geist der Schwere nicht unüberwindlich wäre, darf der Mensch sich nicht radikal als Individualität, als Seele aufgeben und aufgehen im Reich der Gewaltlosigkeit. Nicht trotzige Selbstbehauptung, nicht Eitelkeit bilden solch unübersteigliche Schranken, sondern die innere Einzigartigkeit der Person, wenn sie auf Anerkennung, ja nur Erkennung und Resonanz Anspruch erhebt. Und warum sollte ein Verzicht auf die Welt höher geachtet werden als die Hingabe an ihre Fülle und Gefahren? Warum der Held, der mutig sehend sündigt, nicht mit dem Mönch auf gleicher Höhe stehen?

Kloster hat nur Sinn, wo Öffentlichkeit ist, als eine der Öffentlichkeit unzugängliche Welt. Wer die Öffentlichkeit mit einem Aufstand des Herzens vernichten und Christus zu einer unmittelbaren Herrschaft verhelfen will, versündigt sich gegen Christi Geist, weil die Gesetze der Öffentlichkeit wesensnotwendige Funktionen der unvernichtbaren Elemente unserer Existenz selber sind. »In eurer Geduld erwerbet eure Seele«, sagt der Apostel, ein Wort, an dessen Tiefsinn der Radikalismus scheitert.

Auf die Rede des Großinquisitors antwortet Christus nicht, doch küßt er dem Greis die aschfahlen Lippen. Dieser Kuß einer Liebe, die höher ist als die Sinngesetze der Schöpfung, weil Schöpfung und Gesetz ihrem Überfluß entkreisen, ist das wahre erfüllende Symbol und Unterpfand eines Ausgleichs zwischen Himmel und Erde, Geist des Herzens und Geist der Macht. Vor dem Unendlichen steht das Endliche verlegen und beschämt, auch wenn es seiner Endlichkeit sich nicht entledigen darf. Kardinal Newman sagte einmal, das Dogma der Unfehlbarkeit sei gewiß etwas Furchtbares, aber nicht so furchtbar wie das Übel, zu dessen Heilung es aufgestellt sei: die Sünde. Man könnte diesen Satz auf die Politik anwenden, deren Notwendigkeit schon aus den wertindifferenten Wesenszügen unserer Natur verständlich wird. Es genügt, den Unsicherheitsgrad menschlicher Entscheidungen zu betrachten, um das Drängen nach maximaler Einschränkung des Risikos in allen verantwortlichen Situationen nur zu begreiflich zu finden. Da aber ohne Übernahme von Verantwortung es nun einmal nicht abgeht, weil Öffentlichkeit eine Grundform des Miteinanderlebens der Menschen ist, und es ohne Öffentlichkeit nicht abgeht, weil Individuen nicht überall durch Liebe und Überzeugung verbunden sind, denn ihrer sind zu viele, wo aber Unverbundenheit herrscht, das Spiel der gegenseitigen Distanz gespielt sein muß, so bleibt nur die Wahl zwischen Selbstverzicht und Politik.

Sicher hat es kein größeres Experiment auf den sozialen Radikalismus je gegeben als die urchristliche Bewegung, denn nie hat ein höherer Wert unbedingter nach Befolgung verlangt als der Heiland der Bergpredigt und des Opfertodes am Kreuz. Wenn trotzdem eine Kirche den Gedanken der Statthalterschaft und der Kontinuität mit seiner Person gegen alle Einwände verteidigt, eine Organisation, die an Machtfülle und Diplomatie es den größten Reichen dieser Erde gleichtut, so wird, wie er auch zu ihren Dogmen stehen mag, dem Blindesten einleuchten, daß der Zwang zur Politik nicht bloß aus der Konsequenz der minderwertigen Seiten unserer Natur stammen kann. Vielmehr wurzelt der Zwang zur Politik in dem wertermöglichenden Zentralpunkt der menschlichen Freiheit, und die Kirche, wie auch der Staat, verteidigt ihren inneren Sinn und Gehalt auf eine der Freiheit sinnvoll angemessene Weise. Wenn es richtig ist, daß jede Einwirkung von Mensch zu Mensch in dem Augenblick an die Beachtung einer öffentlichen, einer gesellschaftlichen Verhältnisform gebunden wird, als Seele mit Seele in Kontakt treten will, auf dem in den Verkürzungen der Wirklichkeit, über zu ungewisse Abstände hin, das Risiko der Verletzung lastet, wenn es richtig ist, daß außerhalb echter Liebes- oder Überzeugungsgemeinschaft nur nach Takt oder Diplomatie vorgegangen werden darf, dann haben Kirche wie Staat es nicht nötig, zur Rechtfertigung ihrer Gewalt auf die Erbniedertracht des Menschen zu verweisen. Seine Freiheit, seine Gleichmöglichkeit zu verschiedenen Taten in einer Situation ist negativ zwingender Anlaß, sein psychisches Sein positiv zwingender Grund zur Verhaltenheit. Und Verhaltenheit ist reine Gewalt.

Über eine gesellschaftliche Distanz hin kann menschliche Freiheit nur politisch beeinflußt werden, weil in der extremen Verkürzung, in welcher die hinter ihren Masken irrealisierten Personen sich erscheinen, nur die Spielmittel der Diplomatie noch verfangen, zugleich aber diese so geschaffene Gesellschaftssphäre mit der Gemeinschaftssphäre ausgeglichen werden soll und muß. Dieser Ausgleich, das Recht, geschieht, wo es um weltliche Lebensgüter und Kulturwerte geht, im Staat, wo geistliche Werte und Güter auf dem Spiel stehen, in der Kirche. Wie der Staat ist auch die Kirche der ununterbrochene Versuch, die Substanzwerte der (geistlich gestifteten) Lebensgemeinschaft mit den Funktionswerten des Miteinanderauskommens der einzelnen Personen im gesellschaftlichen Verkehr in Übereinstimmung zu bringen.

Hier zeigt es sich, wie falsch es ist, den Willen zur Macht, den Trieb nach Geltung und Gewalt als etwas schlechthin Verwerfliches oder Minderwertiges, unserer tierischen Natur Entstammendes anzusehen. Der Dualismus, dem die Einheit der menschlichen Person verloren geht, führt in der Ethik stets zur Machtverneinung und damit zur Degradierung der Politik, zur Verdrängung des Zivilisationstriebes, der Werte der Künstlichkeit. Wir haben keinen Anlaß, dem Willen zur Macht, dem Drang des Lebens nach Überfluß, nach Luxus der Bewegungsmöglichkeiten, nach Spiel und Gefahr zu mißtrauen. Sie sind als Triebformen, als dynamische Strukturen wertindifferent, aber den Pflichten, welche der Geist im Hinblick auf die seelische Individuation formuliert, konkordant. Den Willen zur Macht rettet die Pflicht zur Macht, zur Verhaltenheit, die Triebe der Geist, der, weit entfernt davon ihr Feind zu sein, wie der dualistische Idealismus behauptet, vielmehr der verstärkende Resonanzboden ihrer Schwingungen sein kann.

Alle wesentlichen Triebrichtungen des Lebens nach Reichtum, Überfluß, Gefährdung, die schon mit unserem leiblichen Dasein gegeben sind, wiederholen sich auf seelischem Niveau, freilich in spezifisch gewandelter Artung und Tönung. Ihnen kommen auf wundersame, die Einheit eben der menschlichen Person und ihre Geistigkeit bestätigende Art wesentliche Sittenforderungen entgegen. Nur so gewinnt der Mensch die Ruhe der Seele und vermag an dem Ideal der edlen Mitte, der Ausgewogenheit und des Ausgleichs, welches die Alten μεσότης nannten, sich aufzurichten, nur so die Auswirkung aller dem Sinn der Existenz gehörenden Kräfte und Gegenkräfte zu kultivieren, denen lebensfeindliche oder geistfeindliche Moralisten mit ihrer Verneinung jene Energie der Verdrängung zuführen, die dann um so dämonischer nach Luft verlangt. Die Konkordanz, die Einstimmigkeit zwischen Geist und Leben ist nicht ein Freibrief der Raserei, sondern die Bürgschaft der menschlichen Würde, die nur durch Maßlosigkeit zerstört werden kann.

Maß und Begrenzung ist das Höchste für menschliches Streben. Ob auch den Menschen nie eine unendliche Sehnsucht verläßt, weil er selbst als Gemüt im Unendlichen wurzelt und darum nie geheime oder offene Trauer ihn aufgibt, das Heimweh eines in die Endlichkeit Verbannten, so wird die Erkenntnis, daß zum Wirken Grenzen gehören, der Resignation beruhigten, ja heiteren Charakter verleihen. Leben schließt sich zum Kreise, jedes Ding west an seinem Platze und ein Blick in den Raum der Natur zeigt das Gesetz der Bescheidung. Trennung ist nötig, damit das Einigende sich wirksam erweise, Sehnsucht, damit die Stille nicht starre werde. In dem Bewußtsein einer großen Umbildung der Dinge, die sicher nicht Fortschritt, vielleicht Entwicklung ist, wird der Mensch die Kraft finden, seiner vom Gemüt aufgedrungenen Ungeduld Herr zu werden und die Milderung der Wesenshärten des Lebens von einer allmählichen Verwandlung des Ganzen, nicht aber von der Revolutionierung seiner Teile erwarten. Utopien können wohl helfen, die Herrschaft über die Natur auszudehnen. Aber zum sozialen Frieden im Reich einer die ganze Erde umspannenden Gemeinschaft führt weder äußere Technik noch innere Ethik, sondern einzig eine Veränderung der menschlichen Natur selbst, in der wir uns verzehren müssen und die doch zu vollziehen nicht mehr in unserer Macht liegt.

Mit der Entwicklung seines Verantwortlichkeitsgefühls wird dem Menschen die Unausweichlichkeit der Gewalt im sozialen Leben zum Problem. Zunächst empfindet er die brutalen Methoden des Staates, Kriegführung und Strafvollzug, als anstößig, dann beunruhigen ihn die leiseren, aber um so grausameren Regeln des Geschäftsverkehrs. So treibt ihn das Gefühl, ewig die Grundsätze der Nächstenliebe und Hingabe verraten zu müssen, wenn er in dieser Welt nicht untergehen will, bis zu der äußersten Frage: Können die Menschen unter sich nicht ohne Gewalt, ohne Künstlichkeit und Distanz, mit Vernunft und Liebe und Aufrichtigkeit restlos auskommen, wenn sie nur wahrhaft wollen? Lohnt es sich nicht, für dieses Ziel die alten Einrichtungen und Vorurteile dahinzugeben und einmal ganz von vorne, von Grund aus, von der Wurzel des Menschtums her anzufangen?

Stets hat das teuere Experiment der Revolution die Frage negativ beantwortet. Stets hat sich die Unausweichlichkeit der Gewalt, das unrettbare Gebundensein des Menschen an die Gesetze der Reserve, List, Unwahrhaftigkeit, wenn nicht gar der härteren Kampfmittel ergeben. Solange man allerdings bloß die physische Welt der Triebregungen und Zwecksetzungen, die biologisch-ökonomischen Notwendigkeiten, den Kampf ums Dasein dafür verantwortlich macht, wird die Menschheit die Hoffnung auf schließliche Überwindbarkeit der Gewalt durch Einsicht und Sympathie nicht aufgeben. Denn Natur und Geist sind eindeutige Größen, restlos bestimmbar und also auch restlos in einer Ordnung beherrschbar, wie sie die Vernunft haben will.

Wie aber, wenn das psychische Leben die vielleicht widervernünftigen, doch von der Natur erzwungenen Formen des sozialen Verhaltens (die nicht eher zu überwinden sind, als bis die Natur selbst überwunden ist) von sich aus gutheißen und veredeln kann, weil es sie braucht? Wie dann, wenn die Psyche Gewaltmittel als Schutzmittel der Distanz und Verhaltenheit, Vornehmheit und Künstlichkeit zu ihrer Entwicklung braucht, weil sie durch allzu große Nähe, durch restlose Aufrichtigkeit und Unverhülltheit leidet und Schaden nimmt? Wie, wenn die Seele des Menschen als das absolut Mehrdeutige, das undurchsichtig, verborgen, geschont, also, selbst wenn es eindeutig bestimmbar wäre, mehrdeutig bleiben soll, damit es seine schöpferische Kraft im Geiste behält, die Gewalt in irgendeinem Sinne bejahte? Dann müßte der Mensch um des Höheren willen in ihm die Systeme der Öffentlichkeit, von den einfachsten Höflichkeitsformen zwischen Person und Person bis zu den großen Künstlichkeiten des Staates dieser neuen Möglichkeit zuliebe auf die Utopie der Gewaltlosigkeit verzichten und mit der Welt des Kampfes, eines freilich in den Mitteln kultivierbaren Kampfes, der nicht ums Dasein, sondern ums Sosein ausgefochten werden soll, einen Frieden machen.

Die vorliegende Abhandlung hat ihren Zweck erreicht, wenn es ihr gelungen ist, zu zeigen, daß die ganze Sphäre der Öffentlichkeit unter diesem Gesichtspunkt eines *Hygienesystems der Seele*, wir wollen nicht sagen, so wie sie heute aussieht, sich rechtfertigen läßt, doch immerhin Möglichkeiten besitzt, die andere Zeiten, etwa das achtzehnte Jahrhundert in Europa, andere Kulturen wie die des chinesischen Volkes schon erkannt hatten, die dann unter dem Ansturm des modernen Industrialismus verschüttet und vergessen worden sind und die eine unvergängliche Aufforderung an unsere Generation, wie an jedes Geschlecht, zu welcher Zeit und in welchem Lande es auch lebe, richten, sich ihrer zu erinnern und nicht müde zu werden, aus ihrem Geist, dem Geist des Taktes, der Verhaltenheit, der Güte und der Leichtigkeit das verkrampfte Gesicht dieser Menschheit von heute in einer Kultur der Unpersönlichkeit zu lösen.

Joachim Fischer
Nachwort

»Das Manuskript ›Grenzen der Gemeinschaft‹ wird in diesen Tagen fertig und soll schon am 7. Januar dem Verleger übergeben werden«, schreibt der 32jährige Kölner Privatdozent der Philosophie Silvester 1923 vom elterlichen Eßtisch in Wiesbaden, an dem alle seine Bücher aus den zwanziger Jahren entstanden,[1] seinem neuen Philosophenfreund Josef König. »Ich glaube nicht, daß Ihnen die gewisse Schärfe, die es hat, mißfallen wird. Als Motto hat es ein englisches Sprichwort: you must give the devil his due (dem Teufel sein Recht geben!) und auch sonst ist es bei Laune, bei calvinistischer Laune, möchte ich sagen.«[2] Nachdem Plessner 1923 im selben Verlag – dem Cohen-Verlag Bonn – sein erstes großes originales philosophisches Werk, ›Die Einheit der Sinne‹, herausgebracht hatte, ein von der Konstruktion äußerst anspruchsvolles und schwieriges Werk, schrieb er gleichsam entlastet – noch im Produktionsschwung – die ›Grenzen der Gemeinschaft‹, formal den Scharfsinn seiner philosophischen Systematik am Thema der Sozialethik erprobend. Material setzte er mit dieser Schrift hingegen die Linie seiner frühen politischen Aufsätze zu »Staatskunst und Menschlichkeit«, »Politische Kultur« und »Politische Erziehung in Deutschland«[3] fort, mit denen er sich nach der Revolution und Republikgründung 1918/19 in öffentliche Debatten eingeschaltet hatte.[4] Die Verve, mit der Plessner der Elagierung des Gemeinschaftsgedankens die ›Grenzen‹ zog, entstammte vermutlich auch persönlichen Erfahrungen, z. B. mit dem »Revolutionsproblem« 1918/19 in Bayern. Als Sekretär des Erlanger Universitätsbundes war Dr. Plessner, der nicht zum Lehrkörper gehörte, am Umbruch beteiligt: »Ich versuchte, neben dem Arbeiter- und Soldatenrecht dem studentischen Element Gehör zu verschaffen, was mich in Konflikt mit dem Rektor brachte.« Offensichtlich stand er mit intensiven Freistudentenerfahrungen zwischen 1910 und 1918 im Bann der Jugendbewegung (W. Sprondel). Jedenfalls erwähnte

Max Scheler in einem Gutachten 1925 über Plessner resümierend: »Die Zeit des Krieges und der revolutionären Wirren, die Tatsachen der ›Jugendbewegung‹ und persönliche Erfahrungen in ihr regten eine soziologische Gedankenreihe in ihm an, die ihren bisherigen Ausdruck in der Schrift ›Grenzen der Gemeinschaft‹ gefunden hat.«[5] Als Privatdozent an der 1919 gegründeten Universität Köln schrieb Plessner das Buch 1923 auch unter dem direkten Eindruck der im Zuge der Versailler Verträge erfolgenden Rheinland- und Ruhrbesetzung durch die Alliierten, die die »Politisierung des Gemeinschaftsgedankens«[6] schürte. Wenn er im Text die »beiden Formen des kommunistischen Ethos, die national-völkische und die internationale« oder einen »nationalistischen Kommunismus« vom »rationalistischen Kommunismus«[7] unterscheidet, ist das eine Resonanz auf die zwischen 1920 und 1923 bürgerkriegsartige Klemme der Republik zwischen rechtsradikalen Putschversuchen (Kapp-Putsch, Hitler-Putsch) und linksextremen Umsturzversuchen (Rote Ruhrarmee). Insofern ist es nicht überraschend, daß der Arbeitstitel 1923 für Plessners Buch zunächst »›Grenzen der Gemeinschaft‹ – Eine Kritik des kommunistischen Ethos« gelautet hatte.[8] Vor dem Hintergrund seiner sich anbahnenden philosophischen Anthropologie einer konstitutiven »Vermitteltheit« und »Künstlichkeit« der menschlichen Position schien Plessner aber der Terminus »sozialer Radikalismus« besser zu kennzeichnen, was er – mit Anschauungen und Erfahrungen geladen – der Kritik unterziehen wollte: »den Glauben an die Möglichkeit unvermittelter Beziehungen von Mensch zu Mensch«,[9] die »bald international, bald völkisch getönte Verklärung der Schrankenlosigkeit im Miteinander.«[10] Insgesamt bleiben aber Titel und Untertitel – bei allem Schwung – defensiv (»Grenzen«, »Kritik«), und nur wichtige Kapitelüberschriften spiegeln die den Text ebenso durchziehende Plessnersche »Laune« zur konstruktiven Begründung des »Gesellschaftsethos« (»Wege zur Unangreifbarkeit: Zeremoniell und Prestige«; »Die Logik der Diplomatie. Die Hygiene des Taktes«, »Die Pflicht zur Macht«).

Beim Erscheinen 1924 zogen die ›Grenzen der Gemeinschaft‹ durchaus Aufmerksamkeit auf sich, wie aus einer Vielzahl verschiedenster Besprechungen ersichtlich wird. Der junge katholische Philosoph Peter Wust besprach es für die Kölner Volkszeitung, Siegfried Kracauer für die Frankfurter Zeitung, der Exilrusse Nikolai v. Bubnoff für L. v. Wieses Kölner Vierteljahrshefte für Soziologie, und auch Ferdinand Tönnies würdigte das Werk mit einer »liebenswürdig anerkennenden Rezension« – wie Plessner es später ausdrückte.[11] Das Buch fand doppelte Aufmerksamkeit: vor allem seine Kritik der gemeinschaftsradikalen Mentalität in Deutschland, dann aber auch seine der ›Kritik des sozialen Radikalismus‹ zugrundeliegende, sozialphilosophisch vehemente Verteidigung der »Gesellschaft« als »Distanz« gewährenden Raums eigener Dignität. So spielte es – »in kritischer und pragmatischer Absicht«, wie Theodor Geiger vermerkt[12] – eine gewisse Korrektivrolle in der sozialethischen und soziologischen Debatte über die Einteilung der menschlichen Gesellungsformen, die sich an der Tönniesschen Unterscheidung von ›Gemeinschaft‹ und ›Gesellschaft‹[13] entzündete und insgesamt, auch in der Form vermittelnder Kategorien (z. B. des »Bundes« H. Schmalenbach), zur in der Wissenschaft deutlichen Bevorzugung der Gemeinschaft als Basiskategorie tendierte, der gegenüber Gesellschaft als ein sekundäres, in Politik und Ökonomie zu prekären Abstraktionen tendierendes Phänomen erschien. Eine Rezeption der positiven Argumentation Plessners für die Dignität der »Gesellschaft« ist bis 1933 eher die Ausnahme und ist dann, z. B. in dem Buch des Plenge-Schülers und katholischen Sozialphilosophen Josef Pieper, bis in den Titel hinein zu erkennen: ›Grundformen sozialer Spielregeln‹.[14]

Die folgenreichste Wirkungsgeschichte des Buches konzentrierte sich so zunächst auf Plessner selbst, insofern er durch dieses Buch seiner philosophischen auch eine Identität als Soziologe hinzugewann. Davon zeugt nicht nur seine Mitgliedschaft in der Deutschen Gesellschaft für Soziologie auf Grund dieses Buches. Plessner schloß innerhalb seiner weiteren Produktion mehrfach an dieses Buch an. Schon 1924, noch während der Arbeit am Buch, konzipiert er zusammen mit dem Ausdruckspsychologen Buytendijk bei einem Aufenthalt in Amsterdam den 1925 veröffentlichten Aufsatz ›Die Deutung des mimischen Ausdrucks‹, der das Thema innerhalb der intersubjektivitätstheoretischen Debatte als Frage nach der Gegebenheit des »anderen Ich« aufnimmt.[15] In den ›Stufen des Organischen und der Mensch‹ von 1928, deren Grundlegung der Philosophischen Anthropologie ein im Vorwort zu den ›Grenzen der Gemeinschaft‹ 1924 angekündigtes Programm »Pflanze, Tier, Mensch – Elemente einer Kosmologie der lebendigen Form«[16] ausführte, betonte er gegenüber der durchaus beabsichtigten zeitkritischen Tendenz den systematischen Gehalt seiner Argumentation im ›Grenzbuch‹, das »die *›Öffentlichkeit‹ als Realisierungsmodus* des Menschen nachweisen will«.[17] Neben dem ästhesiologischen Problem der »Korrelation« zwischen »Leib und Umwelt« hätten ihn auch »sozialphilosophische Studien direkt auf das anthropologische Problem« geführt.[18] Plessners philosophisch-anthropologische Schlüsselkategorie der »exzentrischen Positionalität« als Kennzeichnung des Menschen ist somit genuin auch sozialtheoretisch konzipiert. Unter dem Titel »Politische Anthropologie« schrieb er 1931 ein hundertseitiges Manuskript, das die Problematik der ›Grenzschrift‹ unter der Kategorie der »exzentrischen Positionalität« im Hinblick auf das Phänomen des »Politischen« als originär menschlicher Dimension wiederaufnahm und schließlich unter dem Titel ›Macht und menschliche Natur‹ erschien.[19] Die schon in der niederländischen Emigration geschriebene, 1935 von der Schweiz aus im deutschsprachigen Raum veröffentlichte Schrift ›Das Schicksal deutschen Geistes im Ausgang seiner bürgerlichen Epoche‹[20] schließlich vertiefte die kultursoziologische Relationierung der deutschen Aufwertung von Gemeinschaft und Abwertung von Gesellschaft, die bereits der ›Grenzschrift‹ zugrunde lag. Indem er in der kontingenten, aber mentalitätsspezifisch werdenden deutschen Bewältigung der neuzeitlichen reformatorischen Glaubenserneuerung – Luthertum, Weltfrömmigkeit, Berufsidee, Volk – die Bedingungen eines Mangels an Gesellschaftstradition, einer fehlenden Wertschätzung des Öffentlichen, einer »unpolitischen Haltung des deutschen Bürgertums« aufdeckte, machte er indirekt deutlich, warum er philosophiesystematisch 1924 eine Legitimierung der Gesellschaft gegenüber Gemeinschaftserwartungen nicht schlicht aus den Nützlichkeitserwägungen der Subjekte, sondern aus der Erfahrung der ›Innerlichkeit‹, der »Seele«, also aus Topoi des ›deutschen Geistes‹ unternommen hatte.

Schloß sich so ein erster Kreis, so setzt eine eigentliche Wirkungsgeschichte des Buches nach 1945 ein. Dieses Buch war die Bedingung dafür, daß er 1950 vom Groninger Lehrstuhl für Philosophie auf den neu eingerichteten Lehrstuhl für Soziologie an der Universität Göttingen berufen werden konnte. Wahrscheinlich war das Buch auch das Motiv für diese Entscheidung, sowohl seitens Plessners wie seitens des hannoverschen Kultusministeriums (A. Grimme), eine Entscheidung, die beiderseits nicht unbeeindruckt war vom positiven Votum der älteren, aus dem Krieg zurückgekehrten Studenten bei Gastvorlesungen Plessners bereits Ende der 1940er Jahre.[21] Um diesen neu eingerichteten Lehrstuhl für Soziologie konkurrierte Plessner mit Hans Freyer, und als Plessner Freyer vorgezogen wurde, schien es für die bundesdeutsche Soziologie wegweisend, daß hier gegenüber Freyer, dem jugendbewegten Theoretiker und 1925 ersten Inhaber eines soziologischen Lehrstuhls in Deutschland (in Leipzig), dessen Schrifttum eher die ›Grenzen‹ der Gesellschaft (z. B. ›Revolution von rechts‹ 1931) markiert hatte, der Theoretiker der ›Grenzen der Gemeinschaft‹ zum Zuge kam.[22]

Dennoch blieb das Buch selbst vergriffen, kursierte intern. Plessner selbst schwankte zwischen dem Vollbewußtsein eines sozialanthropologischen Treffers, den er mit der Schrift gelandet hatte, und der Einsicht in die Angreifbarkeit der forciert essayistischen Durchführung. »Ich will nach über dreißig Jahren, deren Katastrophen meinem Abwehrversuch recht gegeben haben, meine Schrift nicht besser machen, als sie ist«, schrieb er 1955. In Erinnerungen an die Auseinandersetzung mit Tönnies' Sozialkategorien Gemeinschaft und Gesellschaft nahm er den diabolischen Tonfall seiner Schrift zurück und forderte von sich selbst eine noch differenziertere anthropologische Fundierung der Sozialkategorien, als er sie damals vermocht habe.[23] Unter den Kennern der Schrift trat ihr spezifischer Argumentationsrang allerdings nun um so deutlicher hervor, wie ein Heideggers und Plessners Begriff der Öffentlichkeit vergleichender Hinweis des Staatsrechtlers R. Smend Mitte der 50er Jahre zeigt. »Über Wesen und Geltungsanspruch der Öffentlichkeit schwanken die Urteile in Deutschland noch heute in einem Maße, wie es wohl nirgendwo im Ausland denkbar wäre«, schreibt Smend und fährt fort, nachdem er »für die – bezeichnend deutsche – Ablehnung den wohl bekanntesten Beleg aus § 27 von Heideggers ›Sein und Zeit‹« zitiert hat über die alle Differenzen einebnende Kraft des Öffentlichen, des ›man‹: »Der gegensätzliche, ungleich sorgfältiger (auch im Ethischen) begründete Standpunkt ebenso bezeichnenderweise in der Defensive bei H. Plessner, Grenzen der Gemeinschaft, 1924.«[24]

Der Freyer-Schüler Helmut Schelsky, der 1933 selbst der Gemeinschaftsutopie anheimgefallen war, würdigte 1957 in seinem soziologischen Bestseller über die deutsche Jugend das frühe Buch Plessners: »Gegen diese vereinseitigende soziale Erziehung, die aus der Überbetonung der Gemeinschaft als der jugendgemäßen Sozialform stammt und für die deutsche Jugend der letzten Generation typisch ist, haben sich vereinzelt schon früher gerade soziologische Kritiker ausgesprochen. Bereits 1924 hat Helmuth Plessner – und kennzeichnenderweise sowohl gegenüber der Jugendbewegung als auch gegenüber der ›politischen Jugend‹ – warnend auf die ›Grenzen der Gemeinschaft‹ hingewiesen, die in ihr liegenden Ursachen für den politischen Radikalismus und zugleich für die politische Aktionsfähigkeit der deutschen Jugend analysiert und für eine Erziehung zur menschlichen Distanz, zur Geselligkeit und ihren Formen, zu Takt, Zeremoniell und Etikette, zur ›Geschäftskunst‹ und Diplomatie, zur ›Logik der Öffentlichkeit‹ plädiert.«[25] In der nun angetretenen »skeptischen Generation« erkannte Schelsky Züge von Plessners Gesellschaftsethos wieder.

Erst 1960, auf dem Höhepunkt seines akademischen Ansehens, hat der 68jährige Plessner mit zwei Vorträgen über ›Soziale Rolle und menschliche Natur‹[26] und ›Das Problem der Öffentlichkeit und die Idee der Entfremdung‹[27] die Theoreme aus ›Grenzen der Gemeinschaft‹ offensiv in den wissenschaftlichen Diskurs der Soziologie lancieren können. Der Anlaß war R. Dahrendorfs Rezeption des Rollenbegriffs aus der amerikanischen Soziologie im ›Homo Sociologicus‹.[28] Zwischen dem Konzept, den Rollenbegriff als ein bloß methodisches Konstrukt (homo sociologicus) zu begreifen, der über die eigentliche Existenz des Menschen nichts aussagen könne, und der sich anbahnenden Kritik, den soziologischen Rollenbegriff als einen bloß historischen, die Entfremdungsstrukturen der bürgerlichen Gesellschaft spiegelnden Begriff zu historisieren, dessen Konstantsetzung den Blick auf nichtbürgerliche Möglichkeiten der Authentizität verstelle, hielt Plessners in einer dem Grenzbuch entlehnten Argumentation an der anthropologischen Struktur der Rollenkategorie fest: »Der Rollenspieler oder Träger der sozialen Rolle fällt zwar nicht mit ihr zusammen, kann jedoch für sich abgelöst gedacht werden, ohne seine Menschlichkeit zu verlieren. Was Rolle ihm grundsätzlich und jederzeit gewährt, nämlich eine Privatexistenz zu haben, eine Intimsphäre für sich, hebt nicht nur nicht sein Selbst auf, sondern schafft es ihm. Nur an dem anderen seiner selbst hat er – sich.«[29]

Mit dieser These vom konstitutiven »Doppelgängertum des privaten und öffentlichen Menschen«, einer Reformulierung der »Sehnsucht nach den Masken« als Grundcharakter der »Gesellschaft« aus dem frühen Buch, beginnen Plessners ›Grenzen der Gemeinschaft‹ in der westdeutschen Soziologie eine deutliche Spur zu ziehen. Seine Auszeichnungen von Sozialkategorien der ›Zivilisation‹ – ›Künstlichkeit‹, ›Öffentlichkeit‹, ›Rolle‹, ›Darstellung‹, ›Spiel‹, ›Zeremonie und Prestige‹, ›Diplomatie und Takt‹, also ritueller und strategischer Interaktion –, motivierten, sich soziologisch offen den Phänomenen moderner industrialisierter und verstädterter Gesellschaft zu widmen. H. P. Bahrdt, sein Lehrstuhlnachfolger in Göttingen, verband die soziologische Erschließung der »modernen Großstadt« als originär menschlicher Polarität von Öffentlichkeit und Privatheit mit einem Plädoyer für die »Urbanisierung der Groß-Stadt« und mit einer an Plessners ›Kritik des sozialen Radikalismus‹ erinnernden »Kritik der Großstadt-Kritik«, z.B. der ›Gartenstadtbewegung‹.[30] Überhaupt wurde in der Plessner-Linie ›Öffentlichkeit‹ als repräsentativer, dramaturgischer sozialer Raum der handelnd voreinander Erscheinenden thematisch und damit etwas verschoben gegenüber dem von J. Habermas kritisch rekonstruierten Begriff der diskursiven, deliberativen Öffentlichkeit kenntlich. Plessners anthropologische Verteidigung der Rollenhaftigkeit menschlicher Existenz inspirierte die virtuose Handhabung der Rollenkategorie, wie schon bei H. Popitz bemerkbar.[31] H. P. Dreitzel, der jüngste Plessner-Schüler, fand in seiner vielgelesenen Studie ›Die gesellschaftlichen Leiden und das Leiden an der Gesellschaft‹ die begrifflichen Übergänge zur Beobachtung der Interaktionsrituale bei E. Goffman, den er in Deutschland einführte.[32] Ch. Graf v. Krockow, Plessners publizistisch erfolgreichster Schüler, hat in einer Reihe von Interventionen das Moment der Zivilisierung durch ›Verfahren‹, der ›Vermitteltheit‹, gegen die Rechtfertigung unmittelbareren Widerstandes aus Betroffenheit profiliert.[33] Auch im Umkreis der jüngeren Kritischen Theorie wurde Plessners Argumentation von den ›Grenzen der Gemeinschaft‹ (z.B. »sein Argument gegen die normative Leitvorstellung einer herrschaftslosen Kommunikation«) mit Respekt referiert und diskutiert.[34]

Obwohl die sozialtheoretischen Ideen Plessners bereits unterwegs waren, blieb das Buch selbst ein Geheimtip unter Kennern. In den 1970er Jahren, als es zu einer kleinen Neuauflage der ›Kritik des sozialen Radikalismus‹ kam,[35] vermerkte der über achtzigjährige Plessner: Es »war lange Zeit vergriffen, wird aber immer wieder verlangt. Offensichtlich ist das Büchlein immer noch oder gerade wieder aktuell.«[36] Aber erst kurz vor 1989 und dann danach entzündete das Buch, das 1924 das Ethos der Gesellschaft gegen zwei Varianten des »Gemeinschaftsradikalismus« – den Kommunismus und den Faschismus – verteidigt hatte, eine Debatte und verschwand nicht mehr aus der Diskussion, ein Buch, das früh eine reflektierte Erfahrung mit der Erwartungsgeschichte des 20. Jahrhunderts in nuce enthält. Es wurde Magnet einer vielschichtigen Debatte,[37] erschien als amerikanische[38] und italienische Übersetzung,[39] und macht nun diskursive Karriere als ein ›Hauptwerk der Soziologie‹.[40]

Anmerkungen

1 M. Plessner, Die Argonauten auf Long Island. Begegnungen mit Hannah Arendt, Theodor W. Adorno, Gershom Scholem u.a., Berlin 1995, S. 39.

2 Plessner an König, Wiesbaden, Sylvester 1923, in: Josef König/Helmuth Plessner, Briefwechsel 1923-1933. Mit einem Briefessay von Josef König über Helmuth Plessners ›Die Einheit der Sinne‹, hrsg. v. H.-U. Lessing u. A. Mutzenbecher, Freiburg/München 1994, S. 37.

3 Wiederabgedr. in: H. Plessner, Politik, Anthropologie, Philosophie. Aufsätze und Vorträge, hrsg. v. S. Giammusso u. H.-U. Lessing, München 2001.

4 S. Giammusso, Politische Kultur als Spiel der Zivilisation. Eine Auslegung von Plessners frühem politisch-sozialphilosophischem Ansatz, in: Reports on Philosophy (Krakow), 15 (1995), pp. 91-108.

5 M. Scheler, Gutachten über Plessner, in: Plessner-Nachlaß Universitätsbibliothek Groningen, Mappe 14.

6 H. Plessner, Selbstdarstellung, in: Ders., Gesammelte Schriften, Bd. X., hrsg. v. G. Dux/O. Marquard/E. Ströker, Frankfurt a. M. 1985, S. 323.

7 H. Plessner, Grenzen der Gemeinschaft. Eine Kritik des sozialen Radikalismus, in: Ders., Gesammelte Schriften, Bd. V, hrsg. v. G. Dux/O. Marquard/E. Ströker, Frankfurt a. M. 1981, S. 49, S. 52.

8 So jedenfalls am 1. XII. 1923 der Lektor des Cohen-Verlages, E. Klostermann, an Plessner, Plessner-Nachlaß Universität Groningen, Mappe 112.

9 H. Plessner, Selbstdarstellung, a.a.O., S. 323.

10 H. Plessner, Nachwort zu Ferdinand Tönnies (1955), in: Ders., Politik, Anthropologie, Philosophie. Aufsätze und Vorträge, hrsg. v. S. Giammusso u. H.-U. Lessing, München 2001, S. 177.

11 H. Plessner, Nachwort zu Ferdinand Tönnies, a.a.O., S. 178.

12 Th. Geiger, Gemeinschaft, in: A. Vierkandt (Hg.), Handwörterbuch der Soziologie, Stuttgart 1931, S. 180.

13 F. Tönnies, Gemeinschaft und Gesellschaft. Grundbegriffe der reinen Soziologie, 6. u. 7. Aufl. Berlin 1926.

14 J. Pieper, Grundformen sozialer Spielregeln, Freiburg i. Br. 1933, 5. Aufl. Frankfurt a. M. 1966.

15 H. Plessner/F.J.J. Buytendijk, Die Deutung des mimischen Ausdrucks. Ein Beitrag zur Lehre vom Bewußtsein des anderen Ichs, in: Ders., Gesammelte

Schriften VII, hrsg. v. G. Dux/O. Marquard/E. Ströker, Frankfurt a. M. 1982, S. 67-131.

16 H. Plessner, Grenzen der Gemeinschaft. Eine Kritik des sozialen Radikalismus, in diesem Band S. 10.

17 H. Plessner, Die Stufen des Organischen und der Mensch. Einleitung in die philosophische Anthropologie, Gesammelte Schriften, a.a.O., Bd. IV, S. 423.

18 A.a.O., S. 10.

19 H. Plessner, Macht und menschliche Natur. Zur Anthropologie der geschichtlichen Weltansicht, in: Ders., Gesammelte Schriften, a.a.O., Bd. V, S. 135-234.

20 H. Plessner, Die verspätete Nation. Zur politischen Verführbarkeit bürgerlichen Geistes, Gesammelte Schriften, a.a.O., Bd. VI.

21 H. P. Bahrdt, Belehrungen durch Helmuth Plessner, in: Kölner Zeitschrift für Soziologie und Sozialpsychologie, Jg. 34 (1982), S. 533-537. Ch. Graf v. Krockow, Zu Gast in drei Welten. Erinnerungen (Kap.: Vom Glück, einen Lehrer zu finden), Stuttgart/München 2000, S. 163-185.

22 Zu Plessners soziologischem Wirken in Göttingen: H. Plessner, Die ersten zehn Jahre Soziologie in Göttingen, in: Ders., Politik, Anthropologie, Philosophie. Aufsätze und Vorträge, hrsg. v. S. Giammusso u. H.-U. Lessing, München 2001, S. 325-333.

23 H. Plessner, Nachwort zu Ferdinand Tönnies (1955), a.a.O., S. 176-183, S. 178.

24 R. Smend, Zum Problem des Öffentlichen und der Öffentlichkeit (1954), in: Ders., Staatsrechtliche Abhandlungen und andere Aufsätze, Berlin 1968, S. 472.

25 H. Schelsky, Die skeptische Generation. Eine Soziologie der deutschen Jugend, Köln 1957, S. 103.

26 H. Plessner, Soziale Rolle und menschliche Natur, in: Ders., Gesammelte Schriften, a.a.O., Bd. X, S. 227-240.

27 H. Plessner, Das Problem der Öffentlichkeit und die Idee der Entfremdung, in: Ders., Gesammelte Schriften Bd. X, S. 212-226.

28 R. Dahrendorf, Homo Sociologicus. Ein Versuch zur Geschichte, Bedeutung und Kritik der Kategorie der sozialen Rolle, 3. unveränd. Aufl. Köln 1961.

29 H. Plessner, Soziale Rolle und menschliche Natur, a.a.O., S. 235.

30 H. P. Bahrdt, Die moderne Großstadt. Soziologische Überlegungen zum Städtebau, Reinbek 1961, S. 12.

31 H. Popitz, Der Begriff der sozialen Rolle als Element der soziologischen Theorie, Tübingen 4. Aufl. 1975.

32 H. P. Dreitzel, Die gesellschaftlichen Leiden und das Leiden an der Gesellschaft. Vorstudien zur Pathologie des Rollenverhaltens, Stuttgart 1968 (Göttinger Abhandlungen zur Soziologie und ihrer Grenzgebiete, begründet v. H. Plessner, hrsg. v. H. Plessner u. H. P. Bahrdt, Bd. 14).

33 Chr. Graf v. Krockow, Gewalt für den Frieden? Die politische Kultur des Konflikts, München/Zürich 3. Aufl. 1983.

34 A. Honneth/H. Joas, Soziales Handeln und menschliche Natur. Anthropologische Grundlagen in den Sozialwissenschaften, Frankfurt/New York 1980 (»Menschliche Expressivität. Zur anthropologischen Hermeneutik Helmuth Plessners«, S. 72-88), S. 85.

35 1972 überraschte der Bouvier-Verlag, der Nachfolger des Cohen-Verlags, Plessner zum 80. Geburtstag mit einer kleinen Neuauflage des Buches.

36 Plessner, Selbstdarstellung, a.a.O., S. 322.

37 W. Eßbach/J. Fischer/H. Lethen (Hg.), Plessners ›Grenzen der Gemeinschaft‹. Eine Debatte, Frankfurt a. M. 2001.

38 The Limits of Community. A Critique of Social Radicalism, transl. by Andrew Wallace, Humanity Books, New York 1999.

39 I limiti della comunità. Per una critica del radicalismo sociale, a cura di Bruno Accarino, Roma-Bari 2001.

40 W. Gebhardt, Helmuth Plessner, Grenzen der Gemeinschaft, in: D. Kaesler/L. Vogt (Hg.), Hauptwerke der Soziologie, Stuttgart 2000, S. 356-359